AF552085

DON
BOSCO

Martina Helms-Pöschko

Kommt, wir entdecken das Kirchenjahr!

Gerne nehmen wir Ihre Anregungen, Wünsche, Kritik oder Fragen entgegen:
Don Bosco Medien GmbH, Sieboldstraße 11, D-81669 München
anregungen@donbosco-medien.de
Servicetelefon +49(0 89) 4 80 08-3 41

Bibliografische Information der Deutschen Nationalbibliothek
Die Deutsche Nationalbibliothek verzeichnet diese Publikation in der Deutschen Nationalbibliografie; detaillierte bibliografische Daten sind im Internet über http://dnb.d-nb.de abrufbar.

Texte ohne Urheberangabe stammen von Martina Helms-Pöschko.

1. Auflage 2022 / ISBN 978-3-7698-2542-8

www.donbosco-medien.de
Umschlag und Layout: Meike Sellier
Illustrationen: Anja Goossens
Notensatz: Nikolaus Veeser, Schallstadt
Satz: Don Bosco Medien GmbH, München
Produktion: Don Bosco Druck & Design, Ensdorf

Gedruckt auf umweltfreundlichem Papier

Inhalt

Andachten durch das Kindergartenjahr

Hab Geduld, meine Wege zu begreifen.
Sie sind vielleicht länger, vielleicht brauche ich mehr Zeit,
weil ich mehrere Versuche machen will.

Maria Montessori

„Kommt, wir entdecken das Kirchenjahr – 12 kurze Andachten für Kinder von 3 bis 6“ soll kleine und große Leute einladen, ein wenig zu verweilen, Geschichten zu lauschen und in der Gemeinschaft Nähe, Vertrauen und Geborgenheit zu spüren.

Die 12 kurzen Andachten führen durch das Kindergartenjahr: Deshalb starten sie mit dem Beginn des Kindergartenjahres, begleiten die Kinder durch das Jahr und bieten mit den Geschichten, Liedern und Aktionen kleine besondere Momente im Kindergartenalltag an. Zwei Segensandachten zu Beginn und am Ende des Kindergartenjahres ergänzen die Reihe der 12 monatlichen Andachten.

Kinder begegnen dem religiösen Glauben offen und vorbehaltlos. Religiöse Bildung im Kindergarten heißt: Wir machen uns gemeinsam mit dem Kind auf den Weg, um Antworten auf alle möglichen Fragen zu finden.

Kinder fragen sehr viel, um sich die Welt anzueignen und die Welt besser zu verstehen. Dazu brauchen Kinder eine Atmosphäre des Vertrauens und der Geborgenheit,

sie möchten ihre Fragen stellen in einer Gemeinschaft von Liebe, Wärme und achtsamer Zuwendung. Für die Fachkraft gilt es dabei nicht, fertige Antworten zu geben. Es ist viel wertvoller, gemeinsam mit den Kindern Antworten auf die Fragen zu suchen und sich immer wieder der Frage nach dem Sinn des Lebens zu stellen.

Dabei wird auch die **Sprache** der Kinder gefördert, denn die Sprache wächst an den Fragen der Kinder. Die Fragen nehmen ein Leben lang kein Ende und Kinder spüren sehr genau, wie offen und behutsam Erwachsene mit den Kinderfragen und damit auch mit dem Kind selbst umgehen.

In den Kurzandachten kann das Kind schauen, hören und verstehen. Eigene Gedanken und Fragen haben ihren festen Platz, das Kind spürt in der Gemeinschaft die Liebe Gottes und auch den Zuspruch Gottes an die Menschen.

Die Andachten in diesem Buch laden ein, **biblische und nicht-biblische religiöse Geschichten** als Zusage Gottes an die Menschen zu verstehen. Die Auswahl der Geschichten ist breit gefächert. Entscheidend ist eine positive Grundstimmung innerhalb der Geschichten: Das soll den großen und kleinen Menschen Mut machen, sich gemeinsam auf den Weg zu machen, auf Gott zu bauen und ihm zu vertrauen.

In einer förderlichen, guten Atmosphäre der Andachten können sich die Kinder als gewollt und geliebt annehmen und diese Liebe dann auch weitergeben: „Ich bin gut so, wie ich bin, und du bist gut so, wie du bist." Aus „Ich" und „Du" wird ein „Wir" im Vertrauen, dass Gott uns hört und hält. So entwickelt sich mit der entsprechenden Begleitung ein grundlegendes Vertrauen in Gott und die Menschen. Denn je mehr sich ein Kind angenommen fühlt, desto mehr vertraut es den Menschen, was wiederum Grundlage für ein positives und wertvolles Gottesbild ist.

Auch die **Gruppe** erlebt sich neu und wird als Gemeinschaft sichtbar. In der Gruppe fühlt sich das einzelne Kind geborgen und gesehen, es fühlt sich als ein Teil der Gruppe und ist ein Teil des Ganzen – sehr wertvoll gerade in der heutigen Zeit. Die Gruppe schenkt den Kindern Halt, Sicherheit und Orientierung: Schnell lernen die Kinder den immer wiederkehrenden Ablauf der Kurzandacht kennen und können schon bald ihre eigenen Gedanken, Fragen und Eindrücke äußern. Die Miniandachten können dabei unabhängig von der Größe der Gruppe durchgeführt werden: Sie sind sowohl für kleine wie auch größere Gruppen geeignet.

Die **Gemeinschaft** schenkt Wärme, Geborgenheit und Halt, das gemeinsame **Singen** berührt die Seele und stärkt sie. Die Geschichten schenken den Kindern eine Fülle an Eindrücken und neuen Erkenntnissen, die kurze **Reflexion** ermöglicht ihnen, ihre eigenen spontanen Gedanken oder Fragen in die Mitte zu bringen, ganz im Vertrauen darauf: „Ich bin gesehen und ich werde gehört. Es ist alles richtig, was ich sage."

Die anschließenden **Vertiefungsangebote** laden ein, die gehörten Geschichten und gesungenen Lieder zu verinnerlichen.

Kindheit heute

In was für eine große, bunte Welt
werden Kinder heute gestellt!
Große Aufgaben stehen der Menschheit bevor,
brauchen die Kinder ein achtsames Ohr,
um mit dem, was kommt, gut umzugehen,
den Mut zu bekommen, immer weiterzugehen
im Vertrauen auf Gott und in die Welt.
Tun wir einfach, was Kindern auch heute gut gefällt!

Kommt, wir wollen mit den Kindern die Welt entdecken
und uns wieder hinter den Hecken verstecken.
Im Gras liegen und in die Wolken schauen
und auf dem Grashalm verträumt herumkauen.
Den Bienen beim Summen und brummen zuhören

und einander mit Blumenduft betören.
Die nackten Füße auf dem Sandhaufen spüren
und neue Pläne für freche Streiche schüren.
Dabei mit den Freunden lachen und tuscheln
und natürlich auch ausgiebig kuscheln.

Kinder brauchen Raum, Zeit, Liebe und Geborgenheit.
Dazu eine große Portion Humor und Gelassenheit
zum Wachsen, Forschen und Entdecken. –
Auch mal die Kuchenschüssel mit Wonne auslecken.
Kinderseelen sollen viel Gutes erleben,
um daraus Kraft, Mut und Zuversicht zu ziehen.
Kinder sollen auf die großen Menschen bauen
und ihnen aus vollem Herzen vertrauen.
Kinder brauchen – wie einst, so auch heute –
behutsame, achtsame große Leute.
Denn Kinder wollen einfach glücklich sein –
egal ob bei Regen oder Sonnenschein.

Martina Helms-Pöschko

Praktische Hinweise zu den Andachten

Zum Ablauf der Andachten

- Die Kinder stehen oder sitzen im Kreis.
- Es wird ein Begrüßungslied gesungen.
- Die Kinder sowie die Kolleginnen und Kollegen werden begrüßt.
- Die Kinder singen das Lied von Zippora.
- Die Gruppenkerze wird entzündet. (LED-Licht)
- Es wird gemeinsam ein Gebet gesprochen.
- Die Schatzkiste wird in die Mitte gestellt und ein Impulsobjekt aus der Kiste geholt.
- Die Kinder betrachten das Impulsobjekt und bekommen es auch in ihre Hand.
- Es folgt ein kurzes Gespräch zum Impuls.
- Die Kinder legen das Objekt in die Kreismitte.
- Es wird zum Thema und zur Glaubensgeschichte hingeführt (5 bis 7 Minuten).
- Ein Gebet oder ein bekanntes Lied rundet die inhaltliche Andacht ab.
- Eine Legearbeit vertieft das Thema der Andacht.
- Die Kerze wird ausgepustet.
- Im Anschluss können Impulse für Vertiefungsangebote im Freispiel folgen.

Immer mit dabei: Zippora

Wie schon im Praxisbuch „Kommt, wir entdecken das Kirchenjahr“ begleitet uns die Eselin Zippora mit ihren Geschichten durch jede Andacht. Die aufgeweckte Zippora hat sich ihre kindliche Neugierde bewahrt und mit dieser Figur gelingt es sehr leicht, die Geschichten innerhalb jeder Andacht für Kinder anschaulich und berührend zu erzählen. Mit der Tierfigur wird ein Bezug zwischen der Zeit, in der die erzählten Geschichten spielen, und dem Heute hergestellt. Kinder lieben Tiere und öffnen sogleich ihr Herz, wenn die Eselin in den Kreis tritt. Erfahrungsgemäß erleben sie Zipporas Geschichten einprägsam und erfassen ihre Bedeutung besonders gut. Das „Zippora-Lied“ leitet jede Andacht ein und ergänzend kann eine kleine Eselfigur zur Kerze gestellt werden. Zippora ist damit nicht nur die Erzähl-Eselin, sondern auch sichtbar eine Begleiterin für die Kinder.

Zippora-Lied

Musik und Text: Christian Hüser, aus: Kommt, wir entdecken das Kirchenjahr.
Das große Praxisbuch mit Liedern, Geschichten und bewegten Spielen im Kindergarten,

Warum stehen die Kinder im Kreis?

Die Kinder sollen sich bewusst im Kreis versammeln. Der tiefere Sinn dafür liegt im anfanghaften Einüben einer liturgischen (= gottesdienstlichen) Haltung, die später in das Versammeln um den Tisch des Herrn führt. Die Versammlung in Kreisform ist eine ursprüngliche Lebenserfahrung. Das Kind fühlt sich im Kreis der Familie sicher und geborgen und erfährt sich als gleichberechtigten Teil der Familie. Und so soll auch der Gruppenkreis gesehen werden: „Du bist wertvoll und wichtig. Schön, dass du da bist. Wir singen gemeinsam, hören zusammen von und beten zu Gott".

Die Begrüßung ist wichtig

Die Kinder sowie die Kolleginnen und Kollegen werden deutlich begrüßt. Damit kommt einmal mehr zum Ausdruck: Jeder und jede im Kreis ist willkommen. Alle sollen sich angenommen und wahrgenommen fühlen und können sich miteinander auf diese kleine Andacht einlassen. Bei der Begrüßung geht es auch darum, die kleinen und großen Leute in ihrer gesamten Wesenheit zu erreichen und zu sehen: Körper, Seele und Geist.

Die Kraft des gemeinsamen Singens

„Singen ist doppeltes Beten", so sagte es schon der heilige Augustinus: Singen öffnet Herz und Seele und lässt die großen und die kleinen Leute gemeinsam ankommen. Werden die Lieder mit Bewegungen untermalt, fließen sie durch den ganzen Körper und bewegen ihn. Beim Singen bekommt die Fantasie des Kindes viel Raum. Die Raumpräsenz führt zur Handlungskompetenz und zur Bestätigung des eigenen Seins.

Die Gruppenkerze: sichtbare Mitte

Die Kerze steht auf einem weißen oder gelben Tuch in der Kreismitte. Mit dem Entzünden der Kerze sollen Gott und Jesus in die Gemeinschaft eingeladen werden. Gott ist mitten unter uns und im Symbol der Kerze präsent. Die Kerze soll außerdem die Lichterfahrung symbolisieren, die die Menschen mit Jesus gemacht haben: Wie die Kerze schenkt Gott den Menschen Licht, Wärme und Geborgenheit.

Beten

Beim Sprechen eines Gebetes geht es um das Hineinwachsen in die Beziehung zu Gott. Im Kindergarten ist es sehr schön und hilfreich, wenn die gesprochenen Worte des Gebetes mit Gesten untermalt werden. Das eigene Tun und Handeln wirkt sich positiv auf das Gebet aus, das Kind ist aktiv und handelt mit Körper, Geist und Seele. In vertrauter Atmosphäre schenkt das Gebet Halt und Geborgenheit.

Die Schatzkiste mit Impulsobjekt

Als wiederkehrendes Gestaltungselement der Andacht kommt die Schatzkiste ins Spiel, die neugierig auf den Inhalt der Geschichte machen soll. In der Schatzkiste ist tatsächlich ein Schatz versteckt, ein Impulsobjekt, das von Andacht zu Andacht wechselt.
Das Impulsobjekt, das aus der Schatzkiste geholt wird, knüpft an die Lebenswelt der Kinder an und stellt gleichzeitig einen Transfer zur Geschichte her. Es soll die Kinder neugierig machen und sie emotional berühren; die Aufmerksamkeit der Kinder ist damit gleich zu Beginn da.

Gespräch/Hinführung zum Thema

Das Gespräch zum Impuls greift die Gedanken der Kinder auf. Das Einbeziehen der Kinder ist wichtig: im Gespräch fühlen sie sich gesehen und beachtet und erleben sich selbst als wichtig und wertvoll. Gleichzeitig wird gelebte Kommunikation geübt durch das Beachten von Gesprächsregeln und einer Haltung von Respekt und Wertschätzung.

Glaubensgeschichte

Das Kernstück der Andacht soll kurzweilig, anschaulich und einprägsam sein. Jetzt können die Kinder in der Hektik des Alltags zur Ruhe zu kommen und Mut schöpfen: Gott ist mitten unter uns.

Legearbeit und Abschlussrunde

Abschließend legen alle Teilnehmenden einen Stein zur Kerze oder um die Mitte. Damit werden die Kinder sowie die Kolleginnen und Kollegen dazu eingeladen, ihre Gedanken zu äußern. Alles, was in die Mitte getragen wird, soll gelten dürfen und wird nicht bewertet. Der abschließende Friedensgruß (Shalom) beendet die Andacht.

Vertiefungsangebot

Je größer die Bandbreite an Kreativmaterial und Ideen, desto größer sind auch die Gestaltungsmöglichkeiten der Kinder. Im Freispiel können die Kinder ihre Eindrücke und Gefühle zum Ausdruck bringen.

Grundmaterial

- Große Legetücher in Gelb, Grün, Weiß, Braun, Blau, Schwarz
- Große Kerze
- Eselfigur, die für Zippora steht: entweder als Figur oder als gebastelte Aufstellfigur (siehe Kopiervorlage Seite 17)
- Schatzkiste für die jeweiligen Impulsobjekte (siehe bei den einzelnen Andachten)
- Korb mit Halbedelsteinen oder Muggelsteinen
- Korb oder Kiste mit Instrumenten (z.B. Klanghölzer, Rasseln, Cymbeln, Orff-Instrumente)
- Klangschale oder Triangel zum Abschluss der Andachten
- Gegebenenfalls ergänzend: Musik-CD „Kommt, wir entdecken das Kirchenjahr" aus dem gleichnamigen Buch

Kopiervorlage (Illustration: Anja Goossens)

Mein Moment mit Gott

Hallo lieber Gott
Sag, kannst Du mich hören
Ich möchte dich auf keinen Fall stören
Schau, ich bin hier, und du bist da
Das ist für mich ganz wunderbar
Ich fühle mich ganz groß und stark mit dir
Deshalb bete ich heute mit Freuden zu dir
Ich weiß, Du kennst mich sehr gut
Das macht mir sehr viel Mut
Auf allen meinen Wegen begleitest Du mich
Behütet und gesegnet bin ich durch Dich
Ich höre Geschichten und singe Deine Lieder
Das tu ich gern und immer wieder
Mein Moment mit Dir in unserem Haus
Da geh ich gestärkt in die Welt hinaus
Ich möchte hören, singen und schauen
Und Dir, mein Gott, vertrauen
Ich geh nun Schritt für Schritt in den neuen Tag
Und freu mich auf alles, was da kommen mag

Martina Helms-Pöschko

Andacht im September: Gott erschafft die Welt

Man muss über die Freuden des Lebens nicht viel reflektieren, so wie über die Schönheiten eines Gedichts, man genießet beide besser, ohne sie zu zählen oder zu zergliedern.

Jean Paul

Material und Vorbereitung

- Kerze, die auf einem gelben Tuch in der Mitte steht
- Zippora-Figur, Korb mit Instrumenten für die Kinder (Zippora-Lied) und Korb mit Muggel- oder Halbedelsteinen
- Impulsobjekt in der Schatztruhe: großes rotes Herz (aus Papier, Holz, Stein oder Plüsch)
- Figuren aus der Bauecke oder aus Papier: Bäume, Büsche, Blumen, Fische, Vögel, Bienen, Schmetterlinge, Menschen, Mond
- Naturmaterial: Zweige, Moos
- Ein kleines Kissen für die Mitte
- Für die Begleitung zum Erzählen der Schöpfungsgeschichte: Triangel, Xylophon, Glockenspiel
- Außerdem: Material für Vertiefungsimpulse

Einstimmung

Die Kinder stehen oder sitzen auf Sitzkissen im Kreis. Die Instrumente werden an die Kinder ausgeteilt.

Begrüßungslied

Zippora-Lied (siehe Seite 12). Die Kinder begleiten mit den Instrumenten das Lied. Wird das Zippora-Lied zum ersten Mal gesungen, bekommen die Kinder dazu eine kurze Einführung: Welche Instrumente können wie eingesetzt werden?

Begrüßung

Hallo, guten Tag, liebe Kinder! Hallo, liebe Kolleginnen und Kollegen, herzlich willkommen zu unserer Miniandacht in unserem Haus. Wir teilen heute unsere Zeit mit Gott und möchten Gott in unsere Mitte einladen.

Entzünden der Kerze und Gebet

Guten Morgen, lieber Gott!	➨ *Mit den Händen einen großen Kreis vor den Körper zeichnen*
Gib uns täglich unser Brot.	➨ *Handflächen nach oben strecken und eine Schale formen*
Lass uns lachen und nicht weinen,	➨ *Mimik und Geste: lachen und Tränen aus den Augen wischen*
lass die Sonne immer scheinen	➨ *Mit den Händen einen großen Kreis in die Luft zeichnen*
bis in unser Herz hinein.	➨ *Beide Hände auf das Herz legen*
Lass uns nicht allein!	➨ *Einander an den Händen fassen*

Hinführung zum Thema

Zippora wird zur Schatztruhe gestellt.
Ich bin sehr gespannt, was da heute drin ist!
Die Schatztruhe wird geöffnet und das rote Herz kommt hervor.
Hmm, was hat denn das zu bedeuten?
Das Herz wird im Kreis herumgereicht und zur Kerze gelegt.
Wisst ihr denn, wofür ein Herz steht?
Ja, für die Liebe! Wenn Menschen einander ganz doll lieb haben, dann malen oder zeichnen sie sich gegenseitig Herzchen. Alle Menschen machen das, egal, wie alt sie sind oder wo sie wohnen. Das Herz bedeutet: Du bist mir wichtig, ich habe dich lieb.
Das Herz bedeutet auch: Ich möchte dir etwas schenken, denn du bist mir wichtig. Ich möchte, dass es dir gut geht, ich freue mich, dass es dich gibt.
Was denkt ihr denn: Wer hat alle Menschen auf der Welt lieb? Ich glaube, das ist Gott. Doch seit wann ist das denn so?

Glaubensgeschichte mit Klang- und Mitmachelementen

Zippora wird zur Kerze gestellt.

Dazu gibt es eine Geschichte aus der Bibel, das ist die Schöpfungsgeschichte: Sie erzählt uns, dass Gott die Welt erschaffen hat. Seid ihr bereit?

Vor sehr langer Zeit, also ganz früh,
noch lange vor den ersten Menschen auf unserer Erde,
da gab es nur die Finsternis, die Dunkelheit.

➨ *Ein schwarzes Tuch wird in die Mitte gelegt.*

Schließt bitte eure Augen und haltet euch die Hände vor die geschlossenen Augen:
So dunkel war es damals.
Es gab auch keine Geräusche, einfach gar nichts!

➨ *Augenblick der absoluten Stille*

Aber Gott war da.
Gott schuf aus der Dunkelheit das Licht:
Die Sonne am Himmel.
Bitte öffnet eure Augen.

➨ *Ein gelbes Tuch wird zum schwarzen Tuch gelegt.*

Das war ganz zu Beginn.
Dann schuf Gott das Wasser, die Meere.

➨ *Ein blaues Tuch wird zu den Tüchern gelegt.*

Und auch die Erde.

➨ *Ein braunes Tuch wird zu den Tüchern gelegt.*

Auf dem Land wuchsen alle Arten von Bäumen und Pflanzen, bunte Blumen!

➨ *Bäume und Büsche, Blumen, ggf. Zweige und Moos werden auf das braune Tuch gelegt.*

Am Tag strahlte die Sonne …

➨ *Klang der Triangel oder Klangschale*

… und der Mond schien in der Nacht.

➨ *Einen Mond auf das schwarze Tuch legen, Xylophon anschlagen.*

Am Himmel kamen noch unzählige Sterne dazu.

➨ *Viele kleine Sterne oder gelbe Muggelsteine dazulegen, Glockenspiel anschlagen.*

Ins Meer kamen prachtvolle Fische.

➨ *Fische werden dazugelegt.*

Über der Erde ließ Gott Vögel in den Lüften fliegen und Schmetterlinge und Bienen.

➨ *Vögel, Schmetterlinge, Bienen und Libellen werden gelegt.*

Was denn noch?
Auf der Erde wuchsen sehr viele Tiere auf: Löwen, Elefanten, Pferde, Füchse, Hunde, Katzen, Mäuse, Schnecken, Igel …

➨ *Die Kinder stampfen, schleichen, hüpfen, galoppieren wie die genannten Tiere.*

Wer sollte auf all das aufpassen?
Da schuf Gott Mann und Frau. Diese beiden bekamen eine Aufgabe: Sie sollten das, was Gott erschaffen hat, pflegen und auf alles gut achten. Dann geht es allen Menschen auf der Welt gut. Gott liebt alle Menschen der Erde.

➡ *Zwei Figuren werden auf das Bodenbild gestellt.*

Danach ruhte Gott aus.

➡ *Ein Kissen wird dazugelegt, die Triangel wird angeschlagen.*

Gott sah, dass alles gut war, die Welt war erschaffen. Die Menschen haben die Aufgabe, auf die Schöpfung gut achtzugeben, das kann jeder von uns jeden Tag ein bisschen tun.

Lied

„Ein Danke in die Welt“ (*von Christian Hüser, aus: Kommt, wir entdecken das Kirchenjahr 2020*) oder ein anderes Lied, das die Kinder kennen und zum Thema passt, wird gesungen.

Legearbeit

Jedes Kind legt einen Stein um das Bodenbild herum, sodass ein Kreis entsteht als Symbol der Vertiefung und Auseinandersetzung mit der gehörten Geschichte. Wer mag, kann seine Gedanken laut sagen, z.B.:

- Ich danke Gott für die Tiere.
- Ich danke Gott für die schönen Blumen.
- Ich danke Gott für die Sonne.
- Ich danke Gott für meine Mama und meinen Papa.

Abschluss

Zum Ausklang sagen alle folgenden Spruch, danach wird die Kerze ausgepustet.
Wir wünschen uns einen gesegneten Tag, Shalom!

Vertiefungsangebote im Freispiel

- Collage zur Schöpfung erstellen
- Gipsabdruck von Blumen und Gräsern gießen
- Einen Blumentopf mit Erde füllen und Samen einsäen
- Mit Blumen, Gräsern, Moos und Erde ein Bild gestalten

Andacht im Oktober: Zachäus

*Man kann ohne Liebe Holz hacken, Ziegel formen und Eisen schmieden.
Aber mit Menschen kann man ohne Liebe nicht umgehen.*

Leo N. Tolstoi

Material und Vorbereitung

- Kerze, die auf einem gelben Tuch in der Mitte steht
- Zippora-Figur, Korb mit Instrumenten für die Kinder (Zippora-Lied) und Korb mit Muggel- oder Halbedelsteinen
- Impulsobjekt in der Schatztruhe: Geldsäckchen, gefüllt mit Spielmünzen
- Außerdem: Material für Vertiefungsimpulse

Einstimmung

Die Kinder stehen oder sitzen auf Sitzkissen im Kreis. Beim Begrüßungslied stehen alle.

Begrüßungslied

Zippora-Lied (siehe Seite 12, von den Kindern mit Instrumenten begleitet)

Begrüßung

Hallo, liebe Kinder, hallo, liebe Kolleginnen und Kollegen, herzlich willkommen zu unserer Miniandacht in unserem Kindergarten. Wir teilen heute unsere Zeit mit Gott und hören eine spannende Geschichte.

Wir möchten jetzt Gott in unsere Mitte einladen, dies tun wir, indem wir die Kerze anzünden. Gott schenkt uns Wärme, Liebe und Vertrauen.

Entzünden der Kerze und Gebet

Gott, segne uns mit der Weite des Himmels.
➨ *Einen großen Bogen mit den Händen in die Luft malen und damit einen Himmel andeuten*

Gott, segne uns mit der Wärme der Sonne.
➨ *Die Hände reiben*

Gott, segne uns mit der Kraft der Tiere.
➨ *Die Hände zu Fäusten ballen*

Gott, segne uns mit den Geschichten der Alten.
➨ *Mit den Händen ein Buch andeuten, das aufgeschlagen wird*

Hinführung zum Thema

Zippora wird zur Schatzkiste gestellt.
Was kann da heute wohl drin sein?
Die Schatzkiste wird geöffnet und das Säckchen mit dem Geld wird herausgeholt und herumgegeben.
Woher kommt denn das Geld? Wurde es verdient, gewonnen oder gestohlen?

Glaubensgeschichte mit Mitmach-Elementen

Zippora wird zur Kerze gestellt.

Ich kann es euch sagen: Das Geld gehört dem Mann aus der Geschichte, die ich euch heute erzählen möchte. Seid ihr bereit?

Der Name des Mannes ist Zachäus. Zachäus war ein Zöllner, das bedeutet: Die Menschen der Stadt mussten bei ihm Steuern zahlen.
Zachäus hat den Menschen oft viel zu viel Geld abgenommen, er hat sie betrogen und auch belogen. Deswegen mochten viele Menschen Zachäus nicht, sie wollten nichts mit ihm zu tun haben. Zachäus hatte also sehr viel Geld, aber er hatte keine Freunde, niemand kam zu Besuch und keiner lud ihn ein. Sein Herz war hart wie Stein.

➨ *Beide Fäuste ballen und fest aneinander drücken*

Eines Tages kam Jesus in die Stadt. Die Menschen freuten sich und waren mächtig aufgeregt: Alle wollten Jesus sehen und mit ihm sprechen. Sie wollten ihn zu sich einladen und ihn bitten, bei ihnen Gast zu sein. Sie wollten mit ihm teilen, was sie hatten.
Auch Zachäus wollte Jesus sehen. Aber die Menschen in der Menge ließen ihn nicht durch. Sie schubsten ihn weg und beschimpften ihn. Und dann war Zachäus zudem sehr klein und konnte auch nicht über die Menschen drübersehen. Da kam ihm eine Idee!
So schnell ihn seine kurzen Beine tragen konnten, rannte er zu einem Baum, kletterte hinauf und wartete auf Jesus.

➨ *Eine Hand über die Augen legen und nach beiden Seiten spähen*

Als Jesus kam und unter dem Baum stand, blieb er plötzlich stehen und schaute zu Zachäus im Baum hinauf. Jesus sprach ihn an: „Zachäus, komm schnell herunter. Ich möchte heute *dein* Gast sein." Zachäus flog vor Schreck fast vom Baum, er konnte es nicht fassen. Sein Herz klopfte schneller und plötzlich war seine Freude riesengroß!

➨ *Vor Freude in die Hände klatschen*

Eilig kletterte Zachäus vom Baum. Die Leute aber ärgerten sich, sie schimpften laut: „Habt ihr das gesehen? Von dem da lässt Jesus sich einladen, von einem Betrüger, einem Lügner!“ Verärgert schüttelten sie den Kopf.

- *Den Kopf schütteln, ärgerlich schauen, mit dem Fuß aufstampfen, Hände in die Hüfte stemmen*

Doch Jesus legte seine Hand auf die Schulter von Zachäus und folgte ihm in sein Haus. Auch die Jünger, die Freunde von Jesus, kamen mit. Zachäus holte alles aus seinem Vorratsraum, was er finden konnte. Plötzlich fühlte er sich fröhlich und glücklich. Jesus schaute ihn an. Da spürte Zachäus die Liebe von Jesus und wurde ganz ruhig. Und er sagte leise zu Jesus: „Ich habe Unrechtes getan, ich habe die Menschen belogen und betrogen, ich möchte alles wieder zurückgeben und mich entschuldigen.“

- *Beide Hände als Herz formen, das Herz wird größer und öffnet sich langsam, indem die Arme langsam ausgebreitet werden*

Und Jesus sagte: „Heute zog die Liebe Gottes in dein Haus ein.“
Von diesem Tag an war Zachäus ein anderer Mensch: Er gab alles Geld zurück, das er zu Unrecht verlangt hatte. Er teilte und nahm nie wieder zu viel Geld von den Menschen an, er war freundlich und hilfsbereit. Und nach einiger Zeit wurde Zachäus zu anderen Menschen eingeladen und die Menschen der Stadt waren auch bei ihm zu Gast. Die Liebe Gottes hatte sein Herz verändert.

Lied

„Gottes Liebe ist so wunderbar“ (*von Simone Sommerland, Karsten Glück und die Kita Frösche, Kirchenlieder für Kinder*)

Legearbeit

Jedes Kind bekommt einen Stein und legt diesen als Symbol rund um das gelbe Tuch. Wer mag, kann etwas dazu sagen, z.B.:

- Wie gut, dass Zachäus das Geld wieder zurückgegeben hat.
- Zum Glück hat Zachäus Freunde gefunden.
- Wie gut, dass Jesus in Zachäus' Haus kam.

Abschluss

Zum Ausklang sagen alle folgenden Spruch, danach wird die Kerze ausgepustet.
Gott liebt alle Kinder, große und kleine. Wir wünschen uns einen gesegneten Tag, Shalom!

Vertiefungsangebote

- Ein Tischset in Drucktechnik gestalten: Auf runde Tortenspitze mit Korken und Stempelfarbe bunte Muster drucken.
- Willkommen bei Zachäus: Einen Tisch mit schönem Geschirr, Blumen und Kerzen festlich decken und Brot, Käse, Obst und Gemüse verteilen.
- Gefühle-Gesichter aus Tonkarton, Pappscheiben und Musterklammern gestalten, damit einzelne Gefühle nachstellen und nachspüren

Andacht im November: Sankt Martin

Die Aufgabe der Umgebung ist nicht, das Kind zu formen, sondern ihm zu erlauben, sich zu offenbaren.

Maria Montessori

Material und Vorbereitung

- Kerze, die auf einem gelben Tuch in der Mitte steht
- Zippora-Figur, Korb mit Instrumenten für die Kinder (Zippora-Lied) und Korb mit Muggel- oder Halbedelsteinen
- Impulsobjekt in der Schatztruhe: kleines Herz, Stück roter Stoff, kleines Licht (z.B. LED-Teelicht)
- Außerdem: Material für Vertiefungsimpulse

Einstimmung

Die Kinder stehen oder sitzen auf Sitzkissen im Kreis. Die Instrumente werden an die Kinder ausgeteilt. Beim Begrüßungslied stehen alle.

Begrüßungslied

Zippora-Lied (siehe Seite 12, von den Kindern mit Instrumenten begleitet)

Begrüßung

Guten Morgen, liebe Kinder, guten Morgen, liebe Kolleginnen und Kollegen, herzlich willkommen zur Miniandacht in unserem Haus. Ich freue mich sehr, euch alle heute zu sehen. Wir teilen heute unsere Zeit mit Gott und hören eine sehr schöne Geschichte.
Wir möchten jetzt Gott in unsere Mitte einladen. Dies tun wir, indem wir die Kerze anzünden.
Gott schenkt uns wie das Licht Wärme, Geborgenheit, Vertrauen und Liebe.

Entzünden der Kerze und Gebet

Gott segne uns an diesem Tag	➨ *Mit den Händen einen großen Kreis andeuten*
bei allem, was auch kommen mag.	➨ *Erst mit der rechten, dann mit der linken Handfläche nach oben zeigen*
Gott segne uns und schenke uns Mut.	➨ *Hände über den Kopf halten, dann zu Fäusten ballen und fallen lassen*
Dann gelingt sicher heute vieles gut.	➨ *Die Hände ineinander verschränken, als ob man sich die Hand gibt*
Gott segne uns mit seiner Liebe und seiner Güte.	➨ *Hände über den Kopf halten, dann aufs Herz legen*

Hinführung zum Thema

Zippora wird zur Schatzkiste gestellt.
Was kann da heute wohl drin sein?
Die Schatzkiste wird geöffnet, das kleine Herz, der Stoff und das Licht werden auf das gelbe Tuch in der Mitte gestellt.

Hmm, ein Herz, ein Stück Stoff und ein kleines Licht … Welche Geschichte hören wir denn heute? Schaut es euch mal nacheinander an.
Die Kinder bekommen nacheinander das Herz, den Stoff und das Licht in die Hand. Im Hintergrund kann leise Musik laufen oder eine Kollegin spielt leise auf der Gitarre. Wenn die Impulsobjekte die Runde gemacht haben, werden sie zurück auf das gelbe Tuch in der Mitte gelegt.
Was hat denn das Herz mit dem Stück Stoff zu tun?
Wozu braucht man so ein Stück Stoff?
Wozu brauchen wir ein Licht?

Glaubensgeschichte mit Mitmach-Elementen

Zippora wird zur Kerze gestellt.

Diese Dinge gehören alle zur Geschichte, die ich heute erzählen möchte. Seid ihr bereit?

Vor vielen hundert Jahren lebte im heutigen Frankreich ein junger Mann mit dem Namen Martin. Martin war Soldat.
Aber er war kein Soldat wie die anderen Soldaten: Er wollte keinem Arbeit machen, seinem Pferd kratzte er selbst die Hufen aus …

- *Die Kinder kratzen an ihren Hausschuh-Sohlen als wären es Pferdehufe.*

… und striegelte es.

- *Jedes Kind streicht seinem Nachbarkind über den Rücken.*

Seine Diener durften in seinem Bett schlafen, er half den Dienern, er mistete auch den Stall aus, er teilte seine Mahlzeiten mit ihnen. Die anderen Soldaten lachten Martin oft aus. Und keiner traute sich so recht, Martins Freund zu sein, da er Angst hatte, auch ausgelacht zu werden. Martin verdiente sehr viel Geld und davon gab er anderen Menschen, die nicht so viel hatten, etwas ab. Jeden Abend betete Martin zu Gott. Er dankte Gott für sein gutes Leben.

➡ *Die Kinder falten ihre Hände. Die Triangel setzt ein.*

Eines Tages wurden Martin und ein paar Soldaten in die Stadt Tours geschickt. Es war bitterkalt, die Erde war gefroren, die Bäume standen stumm und kahl auf den Weiden, der Schnee knirschte unter den Schuhen. Die Luft war so kalt, dass die Menschen dachten, die Kälte würde wie Nadeln in ihre Haut ritzen.

➡ *Die Hände aneinander reiben, sich die Arme entlangstreichen, als wäre es kalt und als sollte die Kälte damit aus den Händen und Armen verschwinden.*

Die Menschen in dieser Stadt waren warm eingewickelt, um sich vor der Kälte zu schützen. Schnell liefen sie durch die Stadt, ohne nach links oder rechts zu schauen. Dick eingemummt wollte jeder nur schnell nach Hause an seine Feuerstelle, um sich dort zu wärmen und eine warme Suppe zu löffeln.

➡ *Die Kinder rennen auf der Stelle und umfangen ihren Oberkörper fest mit ihren Armen.*

So kam es, dass keiner den armen Mann sah, der barfuß und nur mit Lumpen bekleidet an der Stadtmauer saß. Ganz nah an der Mauer, um wenigstens ein bisschen die Kälte abzuhalten. Und direkt am Stadttor, damit Reisende ihm vielleicht etwas geben könnten. Der arme Mann streckte seine dünnen, kalten Hände aus und erhoffte sich von

den Soldaten etwas: ein Stück Brot, ein Stück Käse oder gar etwas gedörrtes Obst.

➨ *Die Hände bittend nach vorne strecken, die Hände sind zur Schale geformt.*

Oder vielleicht hätte auch einer etwas Geld übrig. Doch vergeblich: Seine Hände, die eine Schale formten, blieben leer. Seine Augen blickten traurig zu den Soldaten.
Keiner bemerkte diesen Blick. Keiner konnte ahnen, wie der Arme fror; denn alle Soldaten waren in einen warmen Mantel gehüllt. Schnell ritten die Soldaten an dem armen Mann vorbei, ohne ihn zu sehen.

➨ *Mit den Händen den Galopp-Rhythmus nachahmend auf die Schenkel klatschen.*

Martin kam als letzter durch das Stadttor. Er erblickte den armen Mann und stieg vom Pferd.
Ratlos stellte er sich vor den Mann hin. „Was kann ich dir nur geben?“, fragte er sich. „Ich habe kein Geld mehr, ich habe alles verteilt. Ich habe auch keinen Krümel Brot mehr, das gab ich meinem Pferd.“ Martin schüttelte seine Taschen, aber es kam nichts heraus.

➨ *Mit den Händen in den Hosentaschen nach Brotkrümeln oder Geld suchen und den Kopf schütteln.*

Da kam ihm ein Gedanke. Er nahm sein Schwert und teilte seinen warmen, schönen, dicken Mantel in zwei Teile. In den einen Teil wickelte er den armen Mann, in den anderen Teil hüllte er sich selbst ein. Der arme Mann blickte zu Martin hoch. Ein Leuchten ging über sein Gesicht.

➨ *Triangel setzt ein.*

Der Arme strahlte und spürte die Liebe von Martin zu ihm. Er wickelte sich in den Mantel und stand dann auf, um sich einen Platz zum Schlafen zu suchen. Der Mann spürte durch die Liebe von Martin eine neue Kraft in sich. Wie schön! Glücklich lächelte er.

➡ *Die Kinder umarmen einander und spüren eine wohlige Wärme.*

Martin aber stieg auf sein Pferd und ritt zu den anderen Soldaten. Im Stall versorgte er wie gewohnt sein Pferd. Danach aß er eine heiße Suppe und ging ins Bett.
In der Nacht hatte er einen besonderen Traum. Jesus begegnete ihm im Traum und sprach zu Martin: „Das, was du für den armen Mann getan hast, das hast du auch für mich getan."
Martin erwachte und rieb sich die Augen. Sein Herz war vor Freude erfüllt, nun wusste er, was er zu tun hatte. Martin brachte sein Pferd, sein Schwert, seinen halben Mantel und seinen Helm zurück zum Kaiser und sagte zu ihm:

➨ *Einige Kinder legen Schwert, roten Stoff, eventuell einen Helm in die Mitte.*

„Ich kann kein Soldat mehr sein. Ich möchte den Menschen dienen, ich möchte für sie da sein, wenn sie mich brauchen, das ist für mich so wertvoll und wichtig. Ich kann nicht mehr für dich kämpfen."
Und so zog Martin weg und wanderte in ein kleines Dorf.

➨ *Auf der Stelle gehen.*

Dort lebte er in einem kleinen Haus. Und von diesem Tag an kümmerte Martin sich tatsächlich nur noch um seine Mitmenschen.

➨ *Mit den Händen ein Hausdach andeuten und dann ein Herz formen.*

Zum Andenken an diesen wunderbaren Menschen tragen wir jedes Jahr zum Martinsfest Lichter in die dunkle Nacht. Das Licht erinnert uns an Martin und an Jesus und daran, wie beide anderen geholfen und geteilt haben, was sie hatten.

➨ *Das Licht in der Mitte wird an ein Kind weitergereicht, das einmal den Kreis abgeht zum folgenden Lied.*

Lied

„Sankt Martin, Sankt Martin ritt durch Schnee und Wind" (*Volkslied*) oder „Tragt in die Welt nun ein Licht" (*von Wolfgang Longardt, Evangelisches Gesangbuch*)

Legearbeit

Jedes Kind nimmt sich aus dem Korb einen Stein. Alle überlegen sich, für wen sie heute ein kleines Licht sein können, und legen ihren Stein der Reihe nach zur Kerze in die Mitte. Wer mag, erzählt seine Gedanken dazu, z.B.:

- Heute möchte ich mein Essen teilen.
- Heute helfe ich dem kleinen Ben beim Anziehen.
- Heute werde ich für meine Mama den Tisch decken.
- Heute kann ich Sprudel aus dem Keller holen.

Abschluss

Zum Ausklang sagen alle folgenden Spruch, danach wird die Kerze ausgepustet.

Wir wünschen uns einen gesegneten Tag,
Shalom!

Vertiefungsangebote

- Tischlichter für daheim gestalten
- Lichtertüte gestalten
- Stabpuppe zur Geschichte gestalten
- Aus dunkel wird hell: Kratzbilder zu Sankt Martin

Andacht im Dezember: Adventsspirale

Lachen und Lächeln sind Tor und Pforte, durch die viel Gutes in den Menschen hineinhuschen kann.

Christian Morgenstern

Material und Vorbereitung

- Kerze, die in einem Glas auf einem blauen Tuch in der Mitte steht; Weihnachtssterne können dazu gelegt werden
- Zippora-Figur, Korb mit Instrumenten für die Kinder (Zippora-Lied) und Korb mit Muggel- oder Halbedelsteinen
- Impulsobjekt in der Schatztruhe: Figuren von Maria und Josef
- Tannenzweige, Orangen, Äpfel, Nüsse, Sterne, Weihnachtskugeln in verschiedenen Körben, aus denen eine Spirale gelegt wird
- Adventslieder zum Advent, ruhige Meditationsmusik
- Triangel
- Je eine kleine Kerze im Glas für jedes Kind
- Außerdem: Material für die Vertiefungsimpulse

Begrüßungslied

Zippora-Lied (siehe Seite 12, von den Kindern mit Instrumenten begleitet)

Begrüßung

Hallo, liebe Kinder, hallo, liebe Kolleginnen und Kollegen, herzlich willkommen zu unserer Andacht. Gemeinsam möchten wir uns heute auf den Weg zum Licht machen und dazu eine Adventsspirale legen.
Zunächst möchten wir Gott in unsere Mitte einladen. Dies tun wir, indem wir die Kerze anzünden und in die Mitte stellen.

Entzünden der Kerze und Gebet

Lieber Gott, schenke uns heute dein wärmendes Licht.	➠ *Hände zur Schale geöffnet halten*
So geht es uns gut und wir fürchten uns nicht.	➠ *Sich selbst umarmen*
Du bist ganz nah, in unseren Herzen.	➠ *Beide Hände überkreuzt auf die Brust legen*
Zum Zeichen dafür schimmern sacht und leise die Kerzen.	➠ *Hände falten und sacht hin- und herbewegen*

Gestaltung einer Adventsspirale

Zippora wird zur Schatztruhe gestellt. Aus der Schatztruhe werden Maria und Josef geholt und auf ein kleines rundes braunes Tuch oder einen Unterteller gestellt.
Mit dem adventlichen Legematerial aus den Körben (Tannenzweige, Orangen, Nüsse, Kugeln, Sterne, ...) legen die Kinder eine große, begehbare Spirale wie ein Schneckenhaus, die vom Licht ausgehend in den Raum reicht. Während die Kinder die Materialien zur Spirale legen, klingt leise Meditationsmusik im Hintergrund. Alternativ spielt eine Kollegin auf der Gitarre, einer Flöte oder einem Xylophon eine kleine Melodie oder schlägt sanft eine Triangel an.
Wenn die Spirale fertig gelegt ist, stellen sich alle Kinder in einem großen Kreis um das Bodenbild auf.

Meditation

Zippora lädt die Kinder ein, die Adventsspirale zu begehen:

Wir schauen auf das Licht in der Mitte. Wir werden nun ganz ruhig. Das kleine Licht schenkt uns wie Gott Wärme, Licht und Geborgenheit.

Nicht mehr lange, dann ist Weihnachten. Wir warten gemeinsam auf die Geburt von Jesus. Wir freuen uns auf diese schöne, geheimnisvolle Zeit mit ihren kleinen Freuden und Überraschungen, dem feinem Duft und den Leckereien. Wir wollen uns nun gemeinsam auf den Weg machen.

- *Ein Kind beginnt: Es bekommt die Mitte-Kerze im Glas in die Hand und geht nun langsam zur Spiralmitte hin. Dort hält es kurz inne. Die Triangel oder Klangschale wird angeschlagen. Nach einiger Zeit kommt das Kind mit dem Licht aus der Spirale nach außen und gibt das Licht an seinen Nachbarn weiter, der sich auf den Weg ins Zentrum der Spirale macht. Eine Fachkraft stellt vor das in den Kreis zurückgekehrte Kind ein kleines Licht. Dies wird so lange wiederholt, bis alle Kinder einmal das größere Licht in die Mitte getragen haben und wieder im Kreis stehen. Vor jedem Kind steht nun ein kleines Licht. Im Zentrum der Spirale leuchtet die Mitte-Kerze. Die Kinder genießen die Stille und die Lichter-Atmosphäre.*

Lied

„Wir sagen euch an den lieben Advent“ (*Volkslied*) oder ein anderes Adventslied

Abschließendes Gebet

Danke, Gott, für diesen Tag.

Danke für alles, was kommen mag.

Du begleitest uns mit deinem Licht,

deshalb fürchten wir uns nicht.

Ausklang

Die Kinder nehmen sich an die Hand und sagen folgenden Spruch:
Wir wünschen uns einen schönen Tag, Shalom!

Vertiefungsideen für die Freispielzeit oder als kleines Angebot

- Mit dem Finger eine Spirale auf den Handteller malen oder auf den Rücken eines anderen Kindes
- Spirale aus Salzteig formen und in die Mitte ein kleines Licht stellen
- Spirale basteln aus buntem Papier

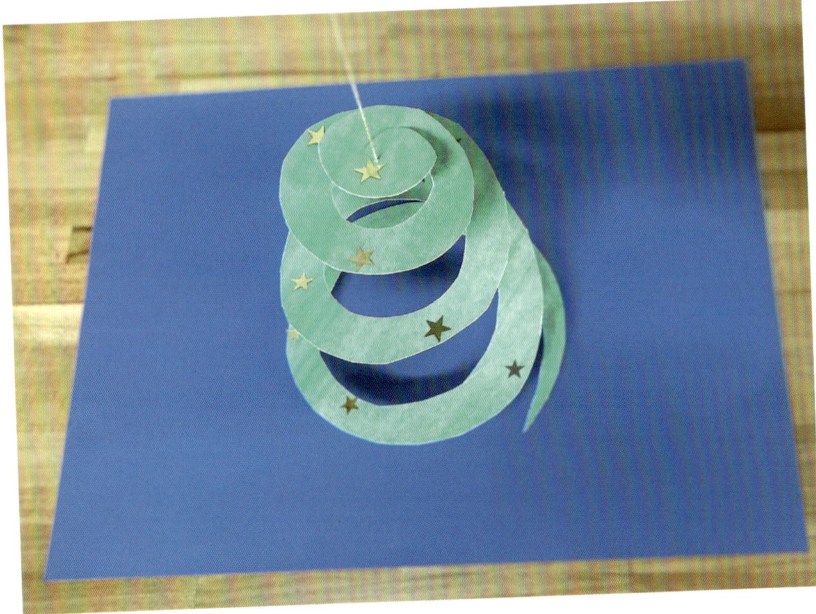

Zusätzlicher Impuls für die Adventszeit: Apfelmeditation

Gerade in der Adventszeit ist es schön und wertvoll, wenn wir uns Zeit füreinander nehmen. Diese Zeit, gefüllt mit eigenen Gedanken und Gefühlen, stärkt die Gemeinschaft und das eigene Innenleben. Die Kinder bekommen Zeit und Raum für bewusstes Wahrnehmen, üben Achtsamkeit und empfinden Ruhe und Geborgenheit.

Material

Apfellicht für jedes Kind: Apfel (in der Mitte ausgestochen, sodass eine kleine Kerze oder ein Teelicht darin versenkt werden kann), Tannengrün, Stern aus Goldkarton als Unterlage

Einstimmung

Der Apfel zeigt uns in Form, Farbe und Geruch die Schönheit der Schöpfung, rund und saftig liegt er vor uns. Wir denken an das Frühjahr und die Blütenpracht des Apfelbaums. Wir denken an den Sommer voller Lebensfreude. Wir denken an den Herbst und die wunderbaren Gaben der Schöpfung. Wir denken an den Winter und den Schlaf des Apfelbaums.
Jedes Kind erhält ein Apfellicht, das auf einem Stern aus Goldkarton vor dem Kind steht. Während die Kinder die Apfellichter betrachten, werden sie mit folgenden Gedanken unterstützt:
Was siehst du?
An was erinnert dich die Flamme?
Welche Farben kannst du erkennen?

Fantasiereise

Zippora wird in die Mitte gestellt und führt die Kinder durch die Meditation.

Ich möchte mit euch nun eine kleine Reise machen. Jeder kann mitfahren, wir brauchen aber kein Gepäck, nur unsere Gedanken. Wer mag, schließt jetzt die Augen. Das Apfellicht bleibt hier und wartet auf uns, bis wir wieder hier angekommen sind. Machen wir uns also auf den Weg.

In Gedanken stehen wir nun auf. Wir gehen zur Tür. Und öffnen die Tür. Und jeder von uns geht durch diese Tür. Wir gehen nacheinander und achten gut aufeinander. Ganz langsam. Keiner drängelt, weil wir alle zusammenbleiben.
Wir gehen durch den Garten. Die Bäume hängen voller rot leuchtender Äpfel. Das Laub liegt auf dem Boden, es schimmert golden. Der Himmel ist strahlend blau. Die Sonne schenkt mit ihrer Kraft ein warmes Licht. Leise und sachte fliegen bunte Blätter von den Bäumen. Das sieht sehr schön aus.
Wir gehen weiter. Über Wiesen und Felder. Die Felder sind abgeerntet. Ein paar Vögel picken die letzten Getreidekörner auf. Es beginnt zu schneien.
Wir kommen zum Wald. Es wird dunkler. Die Sonne verschwindet hinter den Baumwipfeln. Es wird kühler. Wir drücken unsere Jacken enger an den Körper. Wir gehen langsam weiter. Unter unseren Schritten raschelt das Laub. Wir kommen an ein kleines Haus. Und schauen durch das Fenster. Da sehen wir eine alte Frau. Was macht sie da? Sie hat einen Korb Äpfel vor sich und reibt einen Apfel nach dem anderen, bis sie glänzen.
Leise klopfen wir an das Fenster: Was machst du da?, fragen wir. Ihre Augen leuchten sanft und gütig. Wie ein Sonnenstrahl trifft uns ihre

Liebe und Güte mitten ins Herz. Sie lächelt und winkt uns herein. Was machst du da?, fragen wir wieder. Ich poliere die Weihnachtsäpfel für die Menschen, sagt sie. Bei jedem Apfel, den sie poliert, erklingt ein sanftes Klingen. Es ist, als ob kleine Sterne um die alte Frau tanzen würden.
Weihnachtsäpfel?, fragen wir. Die Menschen haben doch alles. Die meisten haben viel mehr, als sie brauchen. Warum machst du dir diese Arbeit? Jeder kann überall Äpfel im Supermarkt kaufen. Viele werfen die sogar weg.
Die alte Frau lächelt: Ja, ich weiß. Wir können die Welt nicht verändern. Aber wir können jeden Tag unseren Liebsten etwas Gutes tun. Und somit die Liebe und Güte von Gott weitertragen.
Deshalb verschenke ich Weihnachtsäpfel, die die Kraft und die Wärme der Sonne in sich tragen. Nehmt welche mit und schenkt sie weiter. Wenn jeder gibt, was er hat, dann werden alle froh.
Egal, was es alles gibt. Es ist die Liebe, die wichtig ist. Nehmt die Äpfel und bringt sie zu euch nach Hause.
Die Frau nimmt den nächsten Apfel, sie lächelt. Das Feuer knistert im Ofen. Die Katze liegt gemütlich davor.
Wir nehmen die Äpfel und tragen sie mit uns. Wir machen uns wieder auf den Weg. Wir gehen durch den Wald. Wir gehen über die Felder. Wir gehen durch den Garten. Wir öffnen die Tür. Und sind wieder da, bei unseren Äpfeln.

Lied

„In einem kleinen Apfel" (überliefert, Musik: W.A. Mozart)
Wir teilen das Licht und schenken unseren Apfel an einen lieben Menschen weiter.

Andacht im Januar: Das verlorene Schaf

Die Erziehung von Kindern ist eine kreative Aufgabe – eher eine Kunst als eine Wissenschaft.

Bruno Bettelheim

Material und Vorbereitung

- Kerze, die auf einem grünen Tuch in der Mitte steht
- Zippora-Figur, Korb mit Instrumenten für die Kinder (Zippora-Lied) und Korb mit Muggel- oder Halbedelsteinen
- Impulsobjekt in der Schatztruhe: kleines Schaf
- Kleine Stücke ungesponnene Schafwolle oder Vlies
- Korb mit Bausteinen oder Rundhölzern, einige Schaffiguren und eine Figur als Hirte
- Außerdem: Material für Vertiefungsimpulse

Einstimmung

Die Kinder stehen oder sitzen auf Sitzkissen im Kreis. Die Instrumente werden an die Kinder ausgeteilt. Beim Begrüßungslied stehen alle.

Begrüßungslied

Zippora-Lied (siehe Seite 12, von den Kindern mit Instrumenten begleitet)

Begrüßung

Guten Morgen, liebe Kinder und liebe Kolleginnen und Kollegen! Schön, dass wir heute einen Moment mit Gott teilen können. Wir laden Gott in unsere Mitte ein. Dies tun wir, indem wir die Kerze in der Mitte anzünden. Gott schenkt uns wie das Licht der Kerze Liebe, Wärme und Geborgenheit.

Entzünden der Kerze und Gebet

Lieber Gott, schon sind wir da,	➨ *In die Hände klatschen*
eine muntere Kinderschar!	➨ *Mit den Füßen auf der Stelle stampfen*
Sei bei uns hier in unserer Mitte –	➨ *Mit den Händen in die Mitte zeigen*
das ist an dich die große Bitte.	➨ *Hände falten*
Wir sind gespannt auf die Geschichte heute.	➨ *Die Hände lauschend hinter die Ohren legen*
Ob groß oder klein – das gilt für alle Leute.	➨ *Auf die großen und kleinen Teilnehmer im Kreis deuten*

Hinführung zum Thema

Zippora wird zur Schatzkiste gestellt, langsam wird der Deckel geöffnet und Zippora schaut gespannt hinein.

Bitte schließt für einen kurzen Moment die Augen, ich möchte euch gerne etwas in die Hände legen. Fühlt einer nach dem anderen, was es sein könnte. Aber sagt nichts, damit alle Kinder raten können. Ich mache mich nun auf den Weg zu euch ...

Die Kinder schließen die Augen und öffnen ihre Hände zu einer Schale. Ein kleines Stück Schafwolle wird in die Hände gelegt. Wenn alle Kinder etwas bekommen haben, öffnen sie die Augen.

Wie fühlt sich das an?
An was erinnert euch die Wolle?
Was, glaubt ihr, befindet sich in der Schatztruhe?
Das Schaf wird aus der Kiste geholt und zur Kerze gestellt, die Kinder legen die Wolle um die Kerze und das Schaf. Jedes Kind erhält einen Baustein oder ein Rundholz. Gemeinsam legen sie einen Zaun und weitere Schaffiguren werden hineingestellt, sodass eine Schafherde entsteht.
Was könnte das denn nun sein? Ja richtig, eine Schafherde, schaut, ich stelle noch einen Hirten dazu, dieser passt gut auf die Schafe auf. Der Hirte kennt alle seine Schafe und er weiß auch genau, wie viele Schafe er hat. Denn er zählt sie jeden Tag.

Glaubensgeschichte

Zippora wird zur Kerze gestellt.

Der Hirte ist wie Gott: Auch Gott kennt uns alle beim Namen und auch Gott möchte, dass es uns Menschen gut geht. Dazu kenne ich eine sehr schöne Geschichte.

Ein Hirte hatte einhundert Schafe.

➨ *Erst die Hirtenfigur, danach die Schafe auf das grüne Tuch stellen.*

Er passte sehr gut auf sie auf: Jeden Tag ging er mit ihnen auf die Weide, damit die Schafe frisches und feines Gras fressen konnten. Auch leckere Kräuter fanden die Schafe dort.
Der Hirte kannte jedes Schaf bei seinem Namen und spürte auch, wie es ihnen ging: Er wusste einfach, ob sie ängstlich waren, ob sie traurig

oder ob sie bockig waren. Der Hirte liebte alle seine Schafe und wollte, dass es jedem Schaf gut ging.
Am Abend holte er die Schafe in den sicheren Stall, damit sie nicht von wilden Tieren verletzt werden konnten oder sich verliefen und nicht mehr nach Hause fanden.

➨ *Um die Schafe aus Bauklötzen einen Stall bauen.*

An einem Tag zählte der Hirte wie immer alle Schafe durch: 1, 2, 3 … bis 99.

➨ *Die Kinder setzen spontan ein und zählen leise mit.*

Da fehlte ihm ein Schaf! Er schaute sich genau um und vergewisserte sich, doch tatsächlich: Ein Schaf ging ab.
Der Hirte schloss das Tor zum Weidenzaun und machte sich auf den Weg, um das Schaf zu suchen. Wo konnte es sein? Was war passiert?

➨ *Suchende Bewegungen: nach links, nach rechts, nach hinten, nach unten und nach oben schauen.*

Es wurde dunkel und kalt. Der Hirte wusste, wenn er das Schaf nicht bald finden würde, wäre es vielleicht für immer verloren. Er ging weiter und vertraute darauf, dass er das Schaf finden würde.
Plötzlich hörte der Hirte ein leises Blöken. Er blieb stehen und lauschte in die dunkle Nacht. Tatsächlich: Er hörte das Schaf, ganz leise! Das Blöken kam von einem Busch. Der Hirte ging dorthin und da lag das Schäfchen: Zitternd und ängstlich erst, dann sprang es froh auf, weil der Hirte es gefunden hatte.
Der Hirte nahm das kleine Bündel auf seine Schultern und ging fröhlich zu seinen anderen Schafen zurück. Er war glücklich und dankbar: Nun hatte er alle seine Schafe beisammen, jetzt konnte auch er sich schlafen legen. Am nächsten Tag lud er alle seine Freunde zu einem großen Fest ein. Alle feierten gemeinsam, dass das verlorene Schaf wieder gefunden worden war.
So wie der Hirte seine Schafe liebte und gut auf alle aufpasste, so liebt Gott uns Menschen. Wir alle sind Gott wichtig, er möchte, dass es uns geht und dass keiner verloren geht. Gott schützt und behütet uns auf unseren Wegen, darauf können wir vertrauen.

Lied

„Danke für diesen guten Morgen“ (*von Martin Gotthard Schneider*) oder „Herr, wir bitten, komm und segne uns“ (*von Peter Strauch evangelische Kirchenlieder*)

Legearbeit

Jedes Kind bekommt einen Muggelstein und legt diesen um die Herde auf das grüne Tuch. Wer mag, kann dazu etwas sagen, z.B.:

- Wie gut, dass der Hirte das Schaf gefunden hat.
- Ich bin auch mal verloren gegangen und die Mama hat mich gefunden. Ich war so froh, wieder bei der Mama zu sein.
- Ich freue mich, dass das Schaf im warmen Stall ist.

Abschluss

Die Kinder nehmen sich an den Händen, sodass der Kreis geschlossen wird, und sprechen gemeinsam den Spruch:
Wir wünschen uns einen gesegneten Tag, Shalom!

Vertiefungsangebote

- Kimspiel mit Schaf, Hirte, Moos, Stab, Hund
- Schafe gestalten
- Ausmalbild „Der gute Hirte“

Kopiervorlage Aus- und Weitermalbild (Illustration: Anja Goossens)

Andacht im Februar: Bartimäus

Was man einem Kind beibringt,
kann es nicht mehr selbst entdecken. Aber nur das,
was es selbst entdeckt, verbessert seine Fähigkeit,
Probleme zu verstehen und zu lösen.

Jean Piaget

Material und Vorbereitung

- Kerze, die auf einem schwarzen Tuch in der Mitte steht
- Zippora-Figur, Korb mit Instrumenten für die Kinder (Zippora-Lied) und Korb mit Muggel- oder Halbedelsteinen
- Impulsobjekt in der Schatztruhe: kleiner Stock, kleine Schale mit Kleingeld, Augenbinde (oder Blindenarmbinde mit Punkten)
- Triangel
- Außerdem: Material für Vertiefungsimpulse

Einstimmung

Die Kinder stehen oder sitzen auf Sitzkissen im Kreis. Beim Begrüßungslied stehen alle.

Begrüßungslied

Zippora-Lied (siehe Seite 12, von den Kindern mit Instrumenten begleitet)

Begrüßung

Guten Morgen, liebe Kinder, hallo, liebe Kolleginnen und Kollegen, herzlich willkommen zur Andacht in unserem Kindergarten. Wir teilen heute unsere Zeit mit Gott und werden eine spannende Geschichte hören.
Laden wir jetzt Gott in unsere Mitte ein. Das tun wir, wie ihr wisst, mit dem Anzünden der Kerze. Gott schenkt uns Liebe, Geborgenheit und Vertrauen. Er schenkt uns Licht und seinen Segen auf all unseren Wegen.

Entzünden der Kerze und Gebet

Danke, Gott, für diese Zeit.	➨ *In die Hände klatschen*
Danke, Gott, wir sind bereit,	➨ *Hände ausstrecken zu einer einladenden Geste*
etwas Neues von dir zu hören.	➨ *Hände lauschend hinter die Ohren legen*
Und keiner soll uns dabei stören.	➨ *Mit dem Zeigefinger eine verneinende Geste andeuten*
Segne uns in unserem Kreis.	➨ *Hände rechts und links über die Köpfe der Nachbarn halten*
Dafür werden wir nun ganz leis.	➨ *Zeigefinger an den Mund als Schweigegeste legen*

Hinführung zum Thema

Zippora wird zur Schatzkiste gestellt.
Was ist heute wohl in dieser Schatzkiste drin?
Die Schatztruhe wird geöffnet, der kleine Stock, die Augenbinde oder das Tuch und die Schale mit Münzen werden zur Kerze gestellt. Zippora fragt die Kinder:

Was denkt ihr, wem das wohl gehört?
Was ist das für ein Stock?
Warum liegen da eine Augenbinde und ein Schälchen mit Geld?
Zippora wird zur Kerze gestellt.

Glaubensgeschichte mit Mitmachelementen

Das alles gehört dem Mann, von dem ich euch heute erzählen möchte. Sein Name ist Bartimäus. Seid ihr bereit?

Genauso, wie wir heute hier sitzen, sitzt Bartimäus auf der sandigen Erde am Wegrand. Der Weg führt zum Stadttor der Stadt Jericho. Die Sonne brennt heute sehr heiß auf Bartimäus herab. Aber Bartimäus kann trotz der Helligkeit nichts sehen – Bartimäus ist blind. Jetzt tastet er mit seinen Händen alles ab: Ist denn noch alles da?

➡ *Die Kinder tasten ebenfalls auf dem Boden und benennen die Habseligkeiten von Bartimäus.*

Der Stock, die Schale und ein paar Münzen sind noch da. Gut so. Denn heute ist ein besonderer Tag in Jericho. Es sind sehr viele Menschen auf dem Weg in die Stadt.

➡ *Die Kinder stehen auf und gehen auf dem Platz.*

Die Menschen sprechen aufgeregt miteinander, laufen an Bartimäus vorbei und ab und zu klimpert eine kleine Münze in die Bettelschale.

➡ *Triangel erklingt.*

Was ist denn bloß los heute? Bartimäus versucht genau hinzuhören, denn er kann ja nichts sehen.
Er will trotzdem mitbekommen, warum so viele Menschen nach Jericho kommen. Und warum sind sie so aufgeregt? Wollt ihr es auch hören? Dann schließt eure Augen und öffnet eure Ohren, damit ihr es auch gut hören könnt.

➡ *Flüsternd in die Runde:*

„Hast du es schon gehört? Jesus ist heute in der Stadt, erzähl es schnell weiter!"

➡ *Alle öffnen ihre Augen und geben diese Botschaft an die anderen Kinder weiter, nach links und rechts.*

„Jesus", flüstert Bartimäus, „Jesus, der Sohn Gottes. Jesus, der heilen kann." Ja, von Jesus hat Bartimäus schon viel gehört! Bartimäus merkt, dass er einen großen Wunsch in seinem Herzen trägt: Er möchte wieder sehen können. Dieser Wunsch füllt sein ganzes Herz aus.

➡ *Die Kinder formen ein Herz mit ihren Händen, das Herz wird größer und die Arme werden weit.*

Was denkt wohl Bartimäus, als er hört, dass Jesus in die Stadt kommt?

➡ *Die Kinder benennen den Wunsch, dass Bartimäus geheilt werden möchte.*

Ja, das denkt Bartmäus: „Ich glaube ganz fest daran, dass Jesus meine Augen wieder gesund machen kann."

Plötzlich hört Bartimäus eine aufgeregte Stimme: „Schaut hin, da kommt Jesus mit seinen Freunden und Freundinnen, endlich ist er da."
Jetzt muss ich zu ihm, denkt Bartimäus und so laut er kann, ruft er: „Jesus, hilf mir!"

➡ *Die Kinder rufen ebenfalls diese Worte, immer wieder laut und deutlich.*

Da werden die Leute wütend und zischen Bartimäus an: „Sei still, was willst du denn hier?!“ Da erschrickt Bartimäus.

➡ *Die Kinder zucken zusammen.*

Doch Bartimäus glaubt ganz fest, dass Jesus ihn heilen kann. Er nimmt noch einmal seinen ganzen Mut zusammen und ruft noch lauter als vorher: „Je-sus, hilf mir! Je-sus, hilf mir, Je-sus, hilf mir!“

➡ *Die Kinder wiederholen immer lauter die Worte.*

Aber die Leute schimpfen wieder und wollen weitergehen, vorbei an Bartimäus.

➡ *Die Kinder erzeugen mit ihren Händen auf dem Boden Schrittgeräusche.*

Doch plötzlich bleibt Jesus stehen.

➡ *Die Kinder beenden die Schrittgeräusche auf dem Boden mit einem letzten lauten Schlag.*

Und mit Jesus bleiben plötzlich alle Leute stehen. Jesus dreht den Kopf in die Richtung, wo Bartimäus sitzt, aber ihn sehen kann Jesus nicht. Da fragt er: „Da hat mich doch jemand gerufen, wer ist das? Holt ihn her zu mir.“
Die Freunde von Jesus gehen zu Bartimäus und sagen freundlich zu ihm: „Komm mit, Jesus hat dich gerufen, hab keine Angst.“
Bartimäus freut sich so sehr, dass er aufspringt: Jesus hat ihn gehört!

➡ *Die Kinder springen auf.*

Bartimäus lässt alles stehen und liegen und eilt zu Jesus.

➡ *Die Kinder eilen einmal im Kreis herum.*

Jetzt weiß Bartimäus, dass er ganz nah bei Jesus ist.

➨ *Triangel wird angeschlagen.*

Jesus schaut Bartimäus an und fragt: „Was willst du, Bartimäus?"

➨ *Die Kinder halten sich ihre Hände vor die Augen.*

„Jesus, ich wünsche mir, dass ich wieder sehen kann!"

➨ *Die Kinder wiederholen diesen Satz und nehmen sich die Hände von den Augen.*

Und Jesus sagt: „Bartimäus, dein Glaube hat dir geholfen, du kannst wieder sehen, du bist gesund." Und tatsächlich: Bartimäus öffnet die Augen und kann wieder sehen.

➨ *Die Kinder benennen, was Bartimäus sehen kann: die Sonne, den Himmel, die Wolken, die Menschen, Jesus …*

Lied

„Gottes Liebe ist so wunderbar" (*von Simone Sommerland und die Kita Frösche, ev. Gesangbuch*) oder „Wo ich gehe bist du da" (*von Detlef Jöcker*)

Legearbeit

Die Kinder holen sich einen Stein aus dem Korb mit Steinen und legen diesen auf das schwarze Tuch um die Kerze herum. Wer mag, kann etwas dazu sagen, z.B.:

- Ich freue mich, dass Bartimäus wieder sehen kann.
- Wie gut, dass Jesus helfen kann.
- Jesus ist für alle Menschen ein Freund.

Abschluss

Zum Ausklang sagen alle folgenden Spruch, danach wird die Kerze ausgepustet:
Wir wünschen uns einen gesegneten Tag, Shalom!

Vertiefungsangebote

- Fühlkiste mit verschiedenen Gegenständen anlegen: Ein Schuhkarton wird mit unterschiedlichen Dingen gepackt und der Deckel des Kartons wird mit einem Loch versehen, durch das eine Kinderhand passt. Das Kind ertastet die Gegenstände, die in der Kiste drin sind, und benennt sie.
- Fühlbild aus Sand gestalten: Auf einem Karton wird eine dicke Schicht Kleister aufgetragen, dann wird mit Sand ein Motiv gestreut: ein Weg, ein Tor, eine Landschaft. Nachdem der Kleister getrocknet ist, kann das Bild betastet und das Motiv gefühlt werden.
- Leporello zur Bartimäus-Geschichte anmalen (siehe Kopiervorlage)
- Legen, Sortieren und Gestalten: Auf ein Tablett werden kleine helle und dunkle Gegenstände gelegt: Murmeln, Holzklötze, Wolle, Watte, Legosteine. Auf ein Blatt Papier wird mit Stiften ein Hintergrundbild gemalt: ein Nacht-Hintergrund mit Mond, ein Tag-Hintergrund mit Sonne. Die Kinder belegen das Hintergrundbild mit den Gegenständen vom Tablett.

Kopiervorlage (Illustration: Anja Goossens)

Andacht im März: Der barmherzige Samariter

Bewahre mich vor dem naiven Glauben,
es müsste im Leben alles glatt gehen.
Schenke mir die nüchterne Erkenntnis, dass Schwierigkeiten,
Niederlagen, Misserfolge, Rückschläge eine selbstverständliche
Zugabe zum Leben sind, durch die wir wachsen und reifen.

Antoine de Saint-Exupéry

Material und Vorbereitung

- Kerze, die auf einem gelben Tuch in der Mitte steht
- Zippora-Figur, Korb mit Instrumenten für die Kinder (Zippora-Lied) und Korb mit Muggel- oder Halbedelsteinen
- Impulsobjekt in der Schatztruhe: Tube Wundsalbe, Flasche Wasser, Rolle Wundverband
- Außerdem: Material für Vertiefungsimpulse

Einstimmung

Die Kinder stehen oder sitzen auf Sitzkissen im Kreis. Die Instrumente werden an die Kinder ausgeteilt. Beim Begrüßungslied stehen alle.

Begrüßungslied

Zippora-Lied (siehe Seite 12, von den Kindern mit Instrumenten begleitet)

Begrüßung

Hallo, guten Morgen, liebe Kinder. Hallo, liebe Kolleginnen und Kollegen. Ich freue mich, mit euch heute unseren Moment mit Gott zu erleben. Teilen wir unsere Zeit mit Gott und laden wir Gott dazu in unsere Mitte ein. Dies tun wir, indem wir die Kerze in der Mitte anzünden.

Entzünden der Kerze und Gebet

Gott, wir stehen hier im Kreis.
➨ *Gerade hinstellen und Arme nach unten strecken*

Und werden erst mal ganz, ganz leis.
➨ *Den Zeigefinger an den Mund legen als Schweigegeste*

Wir möchten hören und dann auch singen.
➨ *Die Hände lauschend hinter die Ohren legen*

Unsere Lieder sollen in die Welt hinaus klingen!
➨ *Mit den Händen einen großen Kreis andeuten*

Hinführung zum Thema

Zippora wird zur Schatzkiste gestellt.
Was ist heute wohl in dieser Schatzkiste drin?
Vielleicht kann ich etwas hören? Psst, seid mal bitte ganz leise. – Nein, ich kann leider nichts hören. Dann machen wir die Kiste mal auf. Schaut doch, was drin ist! Eine Salbe, etwas Öl und ein Verband!
Die Gegenstände werden im Kreis herumgereicht.
Kinder, kennt ihr diese Dinge?
Wozu braucht man eine Salbe?
Wozu braucht man einen Verband?
Zippora wird zur Kerze gestellt.

Glaubensgeschichte

Salbe und Verbandszeug – das alles gehört natürlich zur Geschichte, die ich euch heute erzählen möchte. Seid ihr bereit?

Überall wo Jesus auftauchte, wurde er von Menschen umringt, jeder wollte mit ihm sprechen und wollte wissen, was Gott gefällt. Wer konnte das besser als Jesus beantworten? Unter den Menschen waren auch Schriftgelehrte, die Jesus immer wieder auf die Probe stellen wollten. Sie wollten den anderen Menschen beweisen, dass Jesus auch nicht alles wusste. Also fragten sie Jesus einmal: „Sag mal, wie sollen wir denn richtig handeln, damit wir Gott gefallen?“ Jesus antwortete: „Liebe deinen Nächsten wie dich selbst, so steht es geschrieben.“ Da fragten die Schriftgelehrten zurück: „Aber kannst du mir sagen, wer mein Nächster ist?“ Da erzählte Jesus diese Geschichte:
Eines Tages ging ein Mann von Jerusalem nach Jericho. Er hatte in Jerusalem Freunde besucht und ging fröhlich auf dem Weg.

➨ *Die Kinder stampfen auf dem Platz.*

Aber plötzlich sprangen Räuber hinter den Felsen hervor und überfielen den Mann. Sie nahmen ihm sein ganzes Geld weg und weil sie Angst hatten, dass er sie verraten würde, schlugen sie ihn so lange, bis er sich nicht mehr bewegen konnte.
Der Mann hatte starke Schmerzen, hoffte aber, dass ihm bald jemand helfen würde. Und bald kam auch schon ein Priester, der im Tempel von Jerusalem arbeitete. Der verwundete Mann hob seinen Kopf und

schaute den Priester an. Doch der Priester machte einen großen Bogen um den Mann, er konnte und wollte nicht helfen.
Der Mann blieb liegen, die Schmerzen ließen nicht nach, er stöhnte.
Da kam ein Tempeldiener, auch ein Mann, der im Tempel arbeitete.
Langsam und voller Hoffnung hob der verwundete Mann wieder den Kopf, doch auch der Tempeldiener wollte nicht helfen. So schnell ihn seine Beine trugen, rannte er weg.
Es wurde immer später und lange Zeit kam niemand mehr vorbei.
Irgendwann kam ein Samariter. Das heißt, der Mann wohnte in Samarien. Ihr müsst wissen, die Menschen aus Jerusalem und Jericho konnten die Leute aus Samarien nicht so gut leiden. Aber dieser Samariter stieg von seinem Esel und ging langsam auf den überfallenen Mann zu. Er holte seine Trinkflasche und reinigte die Wunden des Mannes.
Dann verband er so gut er konnte die Wunden des Mannes, er war sehr vorsichtig und achtsam und sprach leise mit dem Mann, um ihn zu beruhigen. Er half dem verletzten Mann auf und hob ihn auf seinen Esel. Langsam und vorsichtig ging er mit dem Mann in eine Herberge, wo man übernachten konnte. Der Samariter gab dem Wirt Geld, damit er sich um den Verletzen kümmerte.
Nachdem Jesus seine Geschichte beendet hatte, schaute er die Schriftgelehrten an und fragte: „Was denkt ihr, wer von den dreien hat denn nun richtig gehandelt?“

➨ *Die Frage wird auch an die Kinder gestellt.*

Ein Schriftgelehrter sagte: „Der Samariter hat richtig gehandelt.“
Jesus schaute den Schriftgelehrten an und meinte: „Dann geh und handle genauso.“

Lied

„Halte zu mir, guter Gott“ (*von Rolf Kreuzer, Ludger Edelkötter aus Das Kindergesangbuch*)

Legearbeit

Die Kinder bekommen je einen Stein und legen diesen nacheinander als Symbol rund um das gelbe Tuch. Wer mag, kann etwas zur Geschichte sagen, z.B.:

- Wie gut, dass der Samariter geholfen hat.
- Zum Glück hat der verletzte Mann keine Schmerzen mehr.
- Ich möchte auch helfen, wenn mich jemand braucht.

Abschluss

Zum Ausklang fassen sich die Kinder an den Händen und sprechen gemeinsam folgenden Spruch. Danach wird die Kerze ausgepustet bzw. das LED-Licht ausgeschaltet.

Wir wünschen uns einen gesegneten Tag, Shalom!

Vertiefungsangebote im Freispiel

- Die Kinder bauen eine Krankenstation und versorgen einander gegenseitig.
- Die Kinder malen den Umriss ihrer Hände auf ein Plakat in einem Kreis. Um den Kreis herum malen die Kinder dazu, wie sie Gutes tun können.

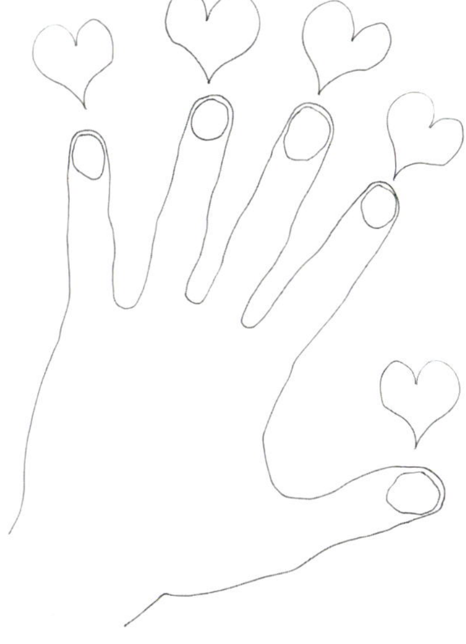

Andacht im April: Der Ostergarten

Singe, mein Herz, heut ist deine Stunde!

Hermann Hesse

Material und Vorbereitung

- Kerze, die auf einem grünen Tuch in der Mitte steht
- Zippora-Figur, Korb mit Instrumenten für die Kinder (Zippora-Lied) und Korb mit Muggel- oder Halbedelsteinen
- Impulsobjekt in der Schatztruhe: Blumen
- Legematerial: Raupe, Schmetterlinge, Eier, Nest, Küken
- Glockenspiel, Triangel
- Außerdem: Material für Vertiefungsimpulse

Einstimmung

Die Kinder stehen oder sitzen auf Sitzkissen im Kreis. Beim Begrüßungslied stehen alle.

Begrüßungslied

Zippora-Lied (siehe Seite 12, von den Kindern mit Instrumenten begleitet)

Begrüßung

Hallo, guten Morgen, liebe Kinder, guten Morgen, liebe Kolleginnen und Kollegen! Herzlich willkommen zu unserer Miniandacht im Kindergarten. Auch heute möchten wir unsere Zeit mit Gott teilen.
Wir möchten Gott in unsere Mitte einladen, dies tun wir, indem wir unsere Kerze anzünden.

Entzünden der Kerze und Gebet

Von guten Mächten wunderbar geborgen	➨ *Beide Hände mit den Handflächen nach oben, nach links und nach rechts bewegen*
erwarten wir getrost, was kommen mag.	➨ *Beide Hände vor der Brust zu einer Schale formen*
Gott ist mit uns am Abend und am Morgen	➨ *Mit beiden Händen in der Luft einen Kreis formen*
und ganz gewiss an jedem neuen Tag.	➨ *Mit den Armen den Oberkörper umfassen*

Dietrich Bonhoeffer

Hinführung zum Thema

Zippora wird zur Schatzkiste gestellt.
Was mag heute wohl da drin sein? Es muss etwas zu tun haben mit Ostern, dem Fest der Auferstehung: Jesus hat den Tod besiegt.
Die Schatztruhe wird geöffnet und im Kreis herumgereicht. Die Kinder entdecken die Blumen und äußern sich spontan dazu.
Lasst uns zuerst nachspüren, wie die Sonne auf- und untergeht:

Die Nacht ist zu Ende, ein neuer Tag beginnt.

➡ *Auf einem Glockenspiel wird eine Melodie mit einer aufsteigenden Tonfolge angestimmt. Mit den Armen zeigen die Kinder, wie die Sonne aufgeht.*

Wenn die Nacht kommt, verschwindet die Sonne hinter dem Horizont.

➡ *Die Kinder führen die geöffneten Arme nach unten und machen sich ganz klein auf dem Boden.*

Doch am Morgen geht die Sonne wieder auf und weckt die Natur.

➡ *Die Kinder spielen die Sonne nach und machen sich ganz groß dabei, die Arme werden weit ausgestreckt, das Glockenspiel begleitet in aufsteigender Melodie die Bewegung.*

Zippora wird zur Kerze gestellt.

Ostermeditation mit Legematerial und Klangelementen

Lasst uns einen schönen, bunten Frühlingsgarten anlegen und die Geschichte von Ostern hören.

➡ *Die Schatztruhe mit den Blumen wird herumgereicht. Jedes Kind legt eine Blume auf das grüne Tuch. Dazu wird eine Triangel angeschlagen. Dann wird eine kleine Raupe auf das grüne Tuch gelegt (Triangel-Klang), dann kleine Schmetterlinge (Triangel-Klang). Dazu werden kleine Eier gelegt (Triangel-Klang). Abschließend kommen ein kleines Nest (Triangel-Klang) und kleine Küken (Triangel-Klang) dazu.*

Schaut, wie schön der Garten nun aussieht! Aber der Garten birgt ein Geheimnis: In diesem Garten liegt Jesus begraben.

➡ *Ein braunes Tuch wird als Höhle geformt und auf das Tuch gelegt.*

Drei Frauen gehen zu diesem Grab von Jesus. Sie sind traurig, weil Jesus gestorben ist und nicht mehr bei ihnen sein kann. Er kann ihnen nicht mehr Geschichten von Gott erzählen. Er kann ihnen nicht mehr nahe sein.
Doch als die Frauen zum Grab kommen, wird es ganz hell!

➡ *Ein weißes Tuch wird dazugelegt.*

Ein Engel tritt zu den Frauen und sagt: „Fürchtet euch nicht, Gott hat den Tod besiegt, Jesus lebt. Nun geht und sagt es allen weiter: Jesus ist auferstanden, er ist lebendig!"

Lied

„Hurra, Jesus lebt“ (*von Christian Hüser, aus: Kommt, wir entdecken das Kirchenjahr 2020*)

Legearbeit

Jedes Kind legt einen Stein um das grüne Tuch. Wer mag, kann dazu etwas sagen, z.B.:

- Ich freue mich, dass Jesus lebt.
- Wie schön der Frühling ist.
- Gott hat die Welt so schön gemacht, ich freue mich auf Ostern.
- Gott liebt uns Menschen.
- Jesus ist unser Freund.

Abschluss

Die Kinder nehmen sich an die Hände und sprechen gemeinsam den folgenden Spruch. Danach wird die Kerze ausgepustet.

Wir wünschen uns einen gesegneten Tag, Shalom!

Vertiefungsangebote

- Osterkerze für daheim gestalten (mit Wachselementen und Kerzenmalstiften)
- Frühlingsmandala mit Naturmaterialien legen
- Frühlingslicht gestalten aus Glas, Kleber, hellgrünem Papier und Dekomaterial

Andacht im Mai: Pfingsten

Staunen ist der Anfang aller Weisheit.

Aristoteles

Material und Vorbereitung

- Kerze, die auf einem gelben Tuch in der Mitte steht
- Zippora-Figur, Korb mit Instrumenten für die Kinder (Zippora-Lied) und Korb mit Muggel- oder Halbedelsteinen
- Impulsobjekt in der Schatztruhe: Teelicht und kleines Windrad
- Außerdem: Material für Vertiefungsimpulse

Einstimmung

Die Kinder stehen oder sitzen auf Sitzkissen im Kreis. Die Instrumente werden an die Kinder ausgeteilt. Beim Begrüßungslied stehen alle.

Begrüßungslied

Zippora-Lied (siehe Seite 12, von den Kindern mit Instrumenten begleitet)

Begrüßung der Kinder und Kolleginnen

Hallo, guten Morgen, alle zusammen! Schön, dass ihr alle da sein könnt, ich freue mich sehr, mit euch heute unseren Moment mit Gott zu teilen.
Als Zeichen, dass Gott mitten unter uns ist, zünden wir die Kerze an.

Entzünden der Kerze und Gebet

Jesus sagt:

Wo zwei oder drei in meinem Namen versammelt sind,

da bin ich mitten unter ihnen!

Hinführung zum Thema

Zippora wird zur Schatztruhe gestellt.
Was ist heute wohl in der Kiste drin?
Die Schatztruhe wird geöffnet, das Teelicht und das Windrädchen werden herausgenommen.
Bestimmt wisst ihr, was das ist. Das Teelicht steht für Feuer und das Windrädchen erinnert uns an den Wind.
Feuer und Wind sind starke Elemente. Wir alle kennen das Lagerfeuer und das kleine Licht einer Kerze. Beides schenkt uns Wärme und Licht.
Und wir kennen den Wind: Er lässt Drachen steigen und trocknet die Wäsche. Im Herbst fegt der Wind um das Haus und schüttelt alle Blätter von den Bäumen.
Zippora wird zur Kerze gestellt.

Glaubensgeschichte mit Mitmachelementen

In unserer Geschichte heute kommen beide Elemente vor: Feuer und Wind. Seid ihr bereit dafür?

In der Stadt Jerusalem gab es eines Tages ein sehr großes Fest. Viele Leute waren zu dem Fest nach Jerusalem gekommen. Sie kamen aus vielen verschiedenen Ländern. Das sah man an ihren Kleidern. Und das hörte man. Jeder sprach in seiner eigenen Sprache. Die einen sagten: „Guten Tag“. Die anderen „Gülle-gülle“. Und wieder andere sagten „Salem aleikum“ oder „Jonnebat“.

➨ *Die Kinder begrüßen einander, sie winken sich zu, geben sich die Hand, nehmen einander in den Arm.*

Auch die Freunde von Jesus waren in Jerusalem. Sie blieben jetzt immer zusammen. Denn Jesus war fort. Doch Jesus hatte ihnen versprochen: „Wo zwei oder drei in meinem Namen versammelt sind, da bin ich mitten unter ihnen.“
Jesus hatte ihnen auch versprochen: Wenn sie beieinander wären, dann würden sie erfüllt werden mit der Geisteskraft von Gott. Und jetzt war das große Fest mit so vielen fremden Menschen im Gange. Die Jünger aber warteten noch immer auf die Kraft vom Heiligen Geist Gottes. Jetzt saßen sie in einem Haus zusammen, ganz dicht beieinander saßen sie.

➨ *Der Kreis rückt näher zusammen.*

Die Türen waren verschlossen und die Fenster zu, niemand konnte sie entdecken. Sie unterhielten sich ganz leise, damit sie niemand hörte. Die fremden Leute sollten draußen bleiben.

Die Freunde fragten sich: „Was meinte Jesus wohl mit der Kraft vom Heiligen Geist von Gott?“ Einer sagte: „Vielleicht ist die Kraft vom Heiligen Geist wie der Wind. Wind kann man nicht sehen. Man kann nur sehen, was der Wind macht: Wolken über den Himmel treiben. Oder Bäume ausreißen. Man kann den Wind auch spüren. Er streichelt dich. Oder bläst dich um.“

➨ *Alle pusten leise und vorsichtig vor sich her, es kann immer lauter gepustet werden.*

Ein anderer sagte: „Vielleicht ist die Kraft vom Heiligen Geist wie Feuer! Feuer ist hell. Und schnell.“ So redeten sie miteinander. Und warteten. Sie hatten immer noch Angst, entdeckt zu werden, ihr Herz war so klein. Denn sie waren immer noch traurig, dass Jesus nicht bei ihnen war.

➨ *Sich klein machen und einander zuflüstern: „Weißt du noch, wie es war, als Jesus bei uns war?“*

Plötzlich passierte etwas: Es rauschte und brauste. Wie ein großer Sturm, ein Sturm direkt vom Himmel. Und er war im ganzen Haus! Überall war Wind, Wind, Wind!
Dann zischte es. Und es leuchtete: rot und gelb. Hell und warm. Es waren kleine Feuerflammen! Die Feuerflammen tanzten über ihren Köpfen. Aber nichts verbrannte! Überall waren die Feuerzungen.

Die Freunde von Jesus waren begeistert! Sie spürten: Das ist sie, die Kraft des Heiligen Geistes von Gott! Ihr Herz weitete sich, sie empfanden eine große Freude in ihrem Herzen.

➡ *Die Hände formen ein Herz, das größer wird, bis sich die Arme ausbreiten.*

Sie klatschten in die Hände.

➡ *Alle klatschen in die Hände.*

Sie fingen an zu tanzen.

➡ *Auf der Stelle hochspringen.*

Sie redeten, lachten, sangen.

➡ *Die Kinder drehen sich und hüpfen auf der Stelle.*

Alle redeten durcheinander und fingen an zu singen: „Halleluja, halleluja!" Das heißt „Lasst uns Gott loben!"

➡ *Die Kinder reden durcheinander und singen mit.*

Sie waren jetzt voller Kraft und voller Freude: Ihre Herzen waren erfüllt von Gottes gutem Geist. Er schenkte Kraft.

➡ *Die Hände werden zu Fäusten geballt.*

Er schenkte Mut.

➡ *Die Hände werden nach oben gestreckt, es kann aufgestampft werden.*

Gottes Geist schenkte Freude.

➡ *Beide Arme werden jubelnd nach oben gestreckt.*

Draußen vor dem Haus kamen viele Leute von allen Seiten gelaufen. Alle hatten das große Brausen gehört, einen Sturm vom Himmel.

„Was ist hier los?", riefen sie. Da ging die Tür auf. Die Fensterläden wurden aufgestoßen. Die Freunde von Jesus wollten hinaus zu den Leuten. Und sie fingen an, von Jesus zu erzählen. All den fremden Leuten erzählten sie: „Jesus lebt. Wir können ihn nicht sehen. Aber er ist da. Wir können ihn nicht anfassen. Aber er macht unser Herz warm."
Die Leute auf der Straße wunderten sich. Manche sagten: „Die spinnen!" Andere lachten und spotteten: „Die sind ja betrunken!" Aber über eins wunderten sie sich am meisten: „Wir können sie ja verstehen! Sie sprechen unsere Sprache! Sie sprechen ganz viele Sprachen. So was Verrücktes!"
Die Freunde von Jesus riefen: „Gott ist nah bei uns. Kommt! Lasst euch die Kraft von Gott schenken. Dann ist euer Leben lebendig und froh. Und dann gehören wir alle zusammen! Die Kraft des Heiligen Geistes macht, dass wir einander verstehen können."
Die Leute spürten, wie diese Worte in ihr Herz fielen. Ganz tief. Sie spürten die Kraft des Heiligen Geistes auch bei sich. Wie ein Feuer, das im Herzen brennt. Viele von den Leuten sagten: „Wir wollen diese Kraft immer spüren." Die Freunde von Jesus sagten: „Dann lasst euch taufen." Und viele Leute ließen sich taufen. Sehr viele. Leute aus allen Ländern.
Alle freuten sich, jeder in seiner Sprache. Manche riefen: „Halleluja! Lasst uns Gott loben!" Und sie spürten: „Gott ist da. Jesus ist nah. Wir gehören alle zusammen. Und heute beginnt etwas Neues."

Lied

„Gott ist mitten unter uns" (*von Christian Hüser aus: Kommt, wir entdecken das Kirchenjahr* 2020)

Legearbeit

Die Kinder bekommen je einen Stein und legen diesen nacheinander zur Vertiefung der Geschichte und innenhaltend rund um das gelbe Tuch. Wer mag, kann seine Gedanken zur Geschichte zum Ausdruck bringen, z.B.:

- Wie stark doch Gottes Kraft ist!
- Die Jünger brauchen keine Angst mehr zu haben, denn Jesus ist bei ihnen.
- Jesus ist auch bei uns, wenn wir zusammen sind.

Abschluss

Die Kinder fassen einander an den Händen und sprechen gemeinsam folgenden Spruch:
Wir wünschen uns einen gesegneten Tag, Shalom!

Vertiefungsangebot

Windspiel basteln: An Stöcken, mit denen das Windspiel befestigt wird, werden verschiedene Materialien angebracht (Kronkorken, Krepppapierstreifen, bunte Federn, Löffel und Gabeln, Muscheln, bunte Perlen).

Andacht im Juni: Franz und der Sonnengesang

Der große Reichtum unseres Lebens, das sind die kleinen Sonnenstrahlen, die jeden Tag auf unseren Weg fallen.

Hans Christian Andersen

Material und Vorbereitung

- Kerze, die auf einem Tuch in der Mitte steht
- Zippora-Figur, Korb mit Instrumenten für die Kinder (Zippora-Lied) und Korb mit Muggel- oder Halbedelsteinen
- Impulsobjekt in der Schatztruhe: gelbe Streifen aus Papier
- Gelber Pappteller oder rundes gelbes Tuch
- Spielfigur für Franz
- Legematerial zum Erzählen der Glaubensgeschichte: Glitzersteine, Gold- und Silberpapier, Spielgeld, feine Stoffe; dunkler, einfacher Stoff, Jute, leere Schale; Spielhäuser, Blumen, kleine LED-Lichter, helles Tuch, grünes Tuch
- Korb mit Naturmaterialien: Tannenzapfen, Schneckenhäuser, Blätter, Blüten, Gräser
- Fingercymbel oder Triangel
- Außerdem: Material für Vertiefungsimpulse

Einstimmung

Die Kinder stehen oder sitzen auf Sitzkissen im Kreis. Beim Begrüßungslied stehen alle.

Begrüßungslied

Zippora-Lied (siehe Seite 12, von den Kindern mit Instrumenten begleitet)

Begrüßung

Hallo, liebe Kinder, hallo, liebe Kolleginnen und Kollegen! Wie schön, dass wir uns heute wieder versammeln können, um mit Gott unsere Zeit zu teilen. Ich freue mich sehr, euch zu sehen. Laden wir jetzt Gott in unsere Mitte ein.

Entzünden der Kerze und Gebet

Gott, segne uns mit der Schönheit der Sonne.	➨ *Mit den Händen einen großen Kreis andeuten*
Gott, schicke uns die Kraft der Sonnenstrahlen.	➨ *Hände zu Fäusten ballen*
Gott, schenke uns die Wärme der Sonne.	➨ *Hände wie eine große Schale geöffnet halten*
Gott, begleite uns durch diesen und jeden Tag.	➨ *Auf der Stelle gehen*

Hinführung zum Thema

Zippora wird zur Schatztruhe gestellt.
Was ist heute wohl da drin?
Die Schatztruhe wird geöffnet und Zippora schaut hinein.
Oh, was für ein Schatz, ein großer Schatz! Wollt ihr ihn auch sehen?
Die Schatztruhe wird herumgereicht. Jedes Kind schaut hinein und entdeckt die gelben Papierstreifen.
Woran erinnern euch denn diese Streifen?

An die Sonne, eine Blume, Sand, Wüste, …
In die Mitte des grünen Tuches wird ein gelbes rundes Tuch oder ein gelber Pappteller gelegt. Jedes Kind bekommt einen gelben Papierstreifen aus der Schatzkiste und legt diesen nacheinander um das runde gelbe Tuch bzw. den Pappteller. Es entsteht eine Sonne mit Sonnenstrahlen. Bei jedem Sonnenstrahl, der um die Sonnenscheibe gelegt wird, erklingt eine Fingercymbel oder der leise Klang einer Triangel.
Was haben wir jetzt gelegt?
Eine Sonne. Hören wir dazu eine Geschichte. In ihr spielt ein Mann eine besondere Rolle. Sein Name ist Franz. Kennt ihr ihn?
Eine Spielfigur wird zu Zippora in die Mitte gestellt. Ein Gespräch beginnt:
Zippora: Willkommen, lieber Franz. Erzähl doch mal von dir!
Franz: Ja, das mache ich gerne! Ich bin der Franz von Assisi.
Zippora: Assisi, wo ist denn das?
Franz: Assisi ist eine Stadt in Italien.
Zippora: Oh, Italien, da scheint doch so viel die Sonne. Schau mal, wir haben eine Sonne gelegt, sieh mal, wie groß sie ist.
Franz: Ja, wie schön sie aussieht. Ich nenne die Sonne unsere Schwester!
Zippora: Das ist ein schöner Gedanke, Franz.
Die Sonne wird auf die Seite geräumt, um Platz für Legematerialien zu schaffen. Zippora wird zur Kerze gestellt.

Glaubensgeschichte mit Legematerial

Wisst ihr, wie es dazu kam? Ich erzähle euch dazu eine Geschichte über Franz von Assisi. Seid ihr bereit?

Die Eltern von Franziskus waren reiche Kaufleute.

➨ *Glitzersteine, Perlen, Gold- und Silberpapier, Spielgeld, feine Stoffe in die Mitte auf ein farbiges Tuch legen.*

Und sie liebten ihren kleinen Franz über alles. Franz lernte lesen, rechnen und schreiben wie alle anderen Kinder, doch arbeiten musste er nicht. Denn seine Eltern waren sehr, sehr reich, sie hatten alles, was ihr euch nur an schönen Dingen vorstellen könnt.
Als Franziskus älter wurde, wollte sein Papa, dass er das Geschäft übernimmt. Das Geschäft sollte noch größer werden und er wollte noch mehr Geld verdienen. Aber Franz wollte das nicht, er wollte nicht noch reicher werden. Er sah die armen Menschen, die in Lumpen gekleidet, schmutzig und hungrig in den Straßen von Assisi bettelten.

➨ *Dunklen Stoff, Jute, eine leere Schale neben den „Reichtum“ legen.*

Eines Tages sollte ein großes Fest gefeiert werden. Die Stadt war bunt geschmückt, Blumen zierten die Häuser und in vielen Fenstern hingen bunte Lampen.

➨ *Blumen, bunte Steine, Glitzersteine, kleine Lichter um zwei Häuser legen.*

Die Reichen zogen ihre schönsten Kleider an und jeder wollte sich von seiner besten Seite zeigen. In dieses Bild passten die Bettler in den Straße nicht hinein und so wurden sie verjagt.

- *Legematerial, das Armut zum Ausdruck bringt (dunkler Stoff, Jute, ...), wieder entfernen.*

Die Reichen wollten nicht mit den zerlumpten und schmutzigen Menschen feiern. Als Franz das sah, war er fassungslos. Das konnte doch nicht sein, das fühlte sich einfach falsch an! So schnell er konnte, rannte er aus der Stadt und hielt erst wieder an, als er am Waldrand angekommen war.

- *Die Mitte wechseln: Das Tuch mit den Glitzersteinen auf die Seite ziehen und ein grünes Tuch in die Mitte legen.*

Da sah Franz eine kleine Lerche. Frech sprang sie von einem Ast direkt vor ihn, lief am Boden vor ihm lustig hin und her und zwitscherte. Die Sonne schien vom Himmel, der Himmel war strahlend blau, der Wald lag in frischem Grün da und davor waren Wiesen voller Blumen bunt und schön anzuschauen. Hier musste nichts geschmückt werden, hier war alles gut so, wie es war.

- *Triangel anschlagen.*

Das gefiel Franz so gut, dass er sein Leben in der Stadt aufgeben wollte. Franz verkaufte alles, was er besaß. Wie der Spatz kleidete Franz sich in ein braunes Gewand. Sein Leben war hart, er war bei Wind und Wetter unterwegs, er aß bestimmt nicht viel und er besaß nur das, was er anhatte, doch er war glücklich.

- *Kerze wird in die Mitte gestellt.*

Franz wanderte durch das Land, wie Jesus es damals getan hatte. Franz wollte so arm und freundlich wie Jesus leben. So gut er konnte, half er anderen Menschen. Und er erzählte ihnen von Jesus und wie Gott die Menschen liebte.
Franz sorgte sich auch um Tiere und Pflanzen. Denn er war begeistert, wie schön Gott alles geschaffen hatte. Das war die Sprache der Natur, der Tiere und der Pflanzen, und Franz verstand diese Sprache. Oft schaute er voller Bewunderung in den Sternenhimmel und beobachtete den Lauf des Mondes. Am Tag liebte er die Sonne für ihre Wärme und ihre Kraft.
Franz begann, Lieder und Gedichte zu schreiben, und eines davon hören wir jetzt zusammen.

Sonnengesang des Franz von Assisi

Gelobt seist du, mein Herr,
mit all deinen Geschöpfen,
vor allem mit der edlen Schwester Sonne.
Sie bringt uns den Tag und spendet uns das Licht,
sie ist schön und strahlt im mächtigen Glanz,
von dir, du Höchster, ein Gleichnis.

Gelobt seist du, mein Herr,
durch Bruder Mond und Sterne.
Du hast sie am Himmel gebildet,
klar, kostbar und schön.

Gelobt seist du,
mein Herr,
durch Schwester
Wasser;
so nützlich ist das Wasser
und kostbar und rein.

Gelobt seist du, mein Herr,
durch unsere Schwester,
die Mutter Erde;
sie trägt und erhält uns,
bringt uns vielerlei Früchte hervor
und Kräuter und bunte Blumen.

Lobt und preist meinen Herrn
und dankt und dient ihm demütig!

Legearbeit

Auch wir sehen viele schöne Dinge in der Natur. Wenn wir hinausgehen, sehen wir Tannenzapfen, Schneckenhäuser, Blätter, Blumen und so viele schöne Sachen. Wir haben viele kleine Schätze aus der Natur gesammelt und in einen Korb gelegt. Jeder von uns nimmt sich jetzt einen schönen Naturgegenstand heraus und legt ihn um die Kerze.

Abschluss

Alle versammeln sich und stellen sich einzeln im Kreis auf. Die Kinder geben sich die Hände und sagen folgenden Spruch, danach wird die Kerze ausgepustet.
Wir wünschen uns einen gesegneten Tag, Shalom!

Vertiefungsangebote

- Händeabdruck Sonne: Die Kinder malen ihre Hand gelb an und drucken mit dieser Hand kreisförmig Abdrücke auf ein Papier, sodass das Bild einer Sonne entsteht.
- Sonnenschild gestalten: Auf einem Tonkarton wird ein Sonnenschild gezeichnet, ausgeschnitten und bemalt. Ein Gummiband wird an den Enden des Sonnenschilds befestigt.

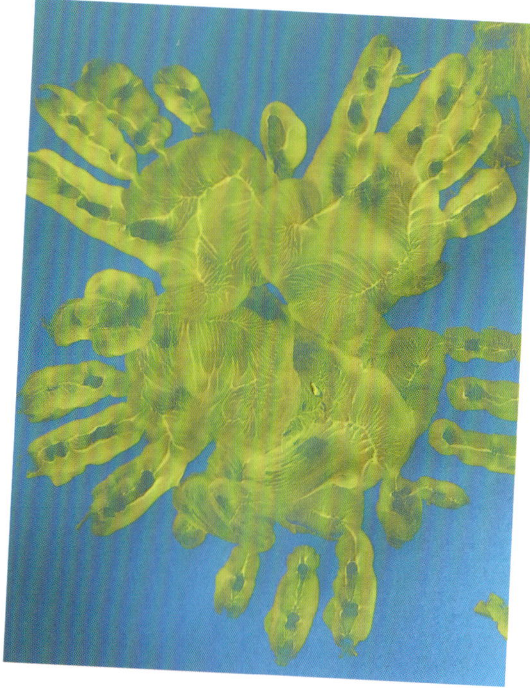

Andacht im Juli: Christophorus

Jeder Glücksmoment wärmt dich mehrmals:
heute und immer, wenn die Erinnerung ihn weckt.

Paul Hufnagel

Material und Vorbereitung

- Kerze, die auf einem blauen Tuch in der Mitte steht
- Zippora-Figur, Korb mit Instrumenten für die Kinder (Zippora-Lied) und Korb mit Muggel- oder Halbedelsteinen
- Impulsobjekt in der Schatztruhe: Sonnenbrille und Sonnencreme, Brotzeitdose, Trinkflasche, kleine Tasche oder Rucksack
- Außerdem: Material für Vertiefungsimpulse

Einstimmung

Die Kinder stehen oder sitzen auf Sitzkissen im Kreis. Die Instrumente werden an die Kinder ausgeteilt. Zum Begrüßungslied stehen alle.

Begrüßungslied

Zippora-Lied (siehe Seite 12, von den Kindern mit Instrumenten begleitet)

Begrüßung

Hallo, liebe Kinder, hallo, liebe Kolleginnen und Kollegen! Ich freue mich sehr, dass wir uns heute an diesem schönen Tag hier treffen und unsere Zeit mit Gott teilen.

Laden wir also Gott in unsere Mitte ein: Dies tun wir, indem wir eine Kerze anzünden. Die Kerze schenkt Wärme, Licht und Geborgenheit. Sie soll uns zeigen, dass es Gott gut mit uns meint.

Entzünden der Kerze und Gebet

Gott, dein Segen ist wie ein großes Zelt,	➨ *Hände formen ein Zeltdach und zeigen in die Kreismitte*
weit ausgespannt über alle Welt.	➨ *Mit einer Hand einen großen Bogen in die Luft zeichnen*
Gott, wir bitten dich: Schütze und bewahre uns,	➨ *Hände mit den Handflächen nach oben vor den Körper halten und über den Kopf führen*
lass uns unter deinem Segen leben und ihn weitergeben!	➨ *Dem Nachbarkind die Hand reichen*

Hinführung zum Thema

Zippora wird zur Schatzkiste gestellt.
Was ist heute wohl da drin?
Die Schatztruhe wird geöffnet. Die Gegenstände werden herausgeholt und einmal im Kreis herumgereicht.
Habt ihr eine Idee, warum wir heute diese Sachen in der Mitte liegen haben?
Ein Gespräch mit den Kindern wird angestoßen.
Ja, alle diese Sachen brauchen wir, wenn wir uns auf den Weg in den Urlaub machen oder wenn wir im Sommer liebe Menschen besuchen wollen. Die Brille schützt uns vor der Sonne, ebenso die Creme. Und im Rucksack können wir einiges mitnehmen, was wir in unserem Urlaub brauchen. Wir packen so viel ein, wie wir auch schleppen können. Ich möchte auch gern in den Urlaub fahren. Und an so viel muss ich vorher denken und so viel planen. Ich werde viel zu tragen haben.
Zippora wird zur Kerze gestellt.

Glaubensgeschichte

Beim Suchen nach all meinen Sachen für den Urlaub habe ich eine schöne Geschichte gefunden über einen wirklich sehr besonderen Mann, die möchte ich euch gerne erzählen. Seid ihr bereit?

Vor einer langen Zeit waren viele Flüsse noch reißend und breit. Die Menschen hatten Mühe, die Flüsse zu überqueren: Es gab keine modernen Fähren und auch viel weniger Brücken. Oft mussten die Leute weit laufen und Umwege machen, um über einen großen Fluss zu kommen. An diesen Stellen brachte sie dann ein Fährmann mit einem kleinen Boot über den Fluss.
In dieser Zeit lebte ein Mann an einem großen Fluss, der hieß Ophorus. Er war sehr groß und stark. Und er war Fährmann. Nur hatte er kein Boot, mit dem er die Menschen über den Fluss brachte, sondern Ophorus trug sie einfach hinüber – so groß und stark war er. Dabei stützte sich Orphorus auf einen Baumstamm, um die Menschen behutsam von einem zum anderen Ufer zu bringen.
Der große und starke Ophorus wollte Gott gefallen und somit war er froh, dass er den Menschen auf diese Art helfen konnte. Eines Tages stand ein kleines Kind am Ufer. „Kannst du mich ans andere Ufer bringen?“, bat das Kind. Da musste Ophorus lächeln: Das war ja eine leichte Aufgabe! Er nahm das Kind auf seine Schultern.
Und als er losging, spürte er das Gewicht des Kindes kaum. Aber mitten im Fluss wurde seine Last immer schwerer und schwerer. Ophorus geriet ins Schwitzen und wurde immer langsamer. Am Schluss schaffte er es nur mit Mühe, das kleine Kind ans andere Ufer zu tragen, und

erschöpft sagte er zu ihm: „Mir ist, als ob ich die ganze Welt getragen hätte, so schwer warst du. Wer bist du?"
Das lachte das Kind und antwortete ihm: „Ich bin Christus und trage die Last der Welt. Du hast Christus getragen. Deswegen sollst du von nun an Christophorus heißen, das heißt Christusträger. Stecke deinen Stab in die Erde, wenn du wieder zuhause bist!"
Das tat Christophorus auch und wie staunte er, als am nächsten Tag ein großer Baum vor seiner Hütte wuchs, an dem viele Früchte hingen! Das soll uns sagen: Wer Gott dient, ist wie ein Baum, der gute Früchte trägt.
Ist das nicht eine schöne Geschichte? Diese Geschichte ist sehr alt und wurde wie ein Märchen immer wieder erzählt, seit langer, langer Zeit. Und diese Geschichte ist der Grund, warum die Menschen an Christophorus denken, wenn sie auf Reisen gehen. Sie wünschen sich, dass sie von Gott beschützt und getragen werden, wie das Christuskind in der Geschichte von Christophorus getragen wurde.

Legearbeit

Die Kinder legen ihre Steine um die Kerze herum. Wer mag, kann seine Gedanken laut sagen, z.B.:

- Ich freue mich auf unseren nächsten Urlaub.
- Gott beschütze uns auf unserer Reise.

Abschluss

Zum Ausklang reichen sich die Kinder die Hände und sagen folgenden Spruch, danach wird die Kerze ausgepustet.

Wir wünschen uns einen gesegneten Tag, Shalom!

Vertiefungsangebot

- Wunderblume basteln: Mit Hilfe einer Schablone wird die Wunderblume auf Papier aufgemalt und ausgeschnitten. Dann bemalen die Kinder die Blume bunt mit Stiften. Zum Schluss werden die Blütenblätter nacheinander zur Mitte gefaltet. Hier bitte darauf achten, dass wirklich jedes Blütenblatt nacheinander gefaltet wird. Wenn die Blume in einen tiefen Teller oder in eine kleine Schüssel Wasser gelegt wird, entfalten sich die Blütenblätter!
- Flussbild gestalten: Auf einen Pappteller werden mit Wasserfarben, Kleber und Wollfäden ein Flussbild gemalt. Mit Kleister und Sand wird der Flussgrund gestaltet. Wer mag, kann Christophorus mit dem Kind in das Bild mit hineinmalen.

Andacht im August: Abraham

Möge die Straße uns zusammenführen
und der Wind in deinem Rücken sein.
Sanft falle Regen auf deine Felder
und warm auf dein Gesicht der Sonnenschein.
Und bis wir uns wiedersehen, halte Gott dich fest in seiner Hand.

Irisches Segenslied

Material und Vorbereitung

- Kerze, die auf einem blauen, runden Tuch in der Mitte steht
- Zippora-Figur, Korb mit Instrumenten für die Kinder (Zippora-Lied) und Korb mit Muggel- oder Halbedelsteinen
- Impulsobjekt in der Schatztruhe: viele kleine Sterne
- Außerdem: Material für Vertiefungsimpulse

Einstimmung

Die Kinder stehen oder sitzen auf Sitzkissen im Kreis. Die Instrumente werden an die Kinder ausgeteilt. Beim Begrüßungslied stehen alle.

Begrüßungslied

Zippora-Lied (siehe Seite 12, von den Kindern mit Instrumenten begleitet)

Begrüßung

Hallo, liebe Kinder, hallo, liebe Kolleginnen und Kollegen, herzlich willkommen zu unserer Miniandacht an diesem schönen Tag. Wir teilen unsere Zeit mit Gott und hören dabei eine spannende und sehr schöne Geschichte. Wir möchten Gott in unsere Mitte einladen und zünden dazu das Licht an, damit wir die Liebe, Wärme und Geborgenheit spüren, die Gott uns schenkt.

Entzünden der Kerze und Gebet

Wir sind heute fröhlich aufgewacht.	➡ *Beide Hände in die Höhe strecken*
Schaut nur, wie die Sonne lacht!	➡ *Mit den Händen zum Himmel zeigen*
Wir wollen heute Schönes hören und erleben.	➡ *Mit den Händen einen großen Kreis vor den Körper zeichnen*
Gott, wir danken dir für unser Leben.	➡ *In die Hände klatschen*

Hinführung zum Thema

Zippora wird zur Schatzkiste gestellt.
Was kann da heute wohl drin sein?
Die Schatztruhe wird geöffnet und ein Schälchen oder Säckchen mit vielen Sternen wird herausgeholt. Jedes Kind erhält einen kleinen Stern. Die Kinder legen den Stern auf das blaue Tuch um die Kerze herum. Dabei kann auf der Gitarre ein leises Lied gespielt oder eine Triangel angeschlagen werden, immer wenn ein Kind einen Stern legt.
Wie viele Sterne das sind! Die kann ja keiner zählen … So viele Sterne, wie es am Himmel gibt, so viele Menschen glauben an Gott und seine Liebe zu uns Menschen.
Zippora wird zur Kerze gestellt.

Glaubensgeschichte mit Mitmachelementen

Zu all diesen Sternen fällt mir eine uralte, schöne Geschichte ein. Seid ihr bereit dafür?

Vor sehr langer Zeit lebte weit im Osten ein Mann mit dem Namen Abraham. Er war sehr alt und lebte mit seiner Frau Sara zusammen. Sie hatten ein sehr gutes Leben: Abraham war reich und hatte alles, was er zum Leben brauchte. Er besaß sehr viele Schafe und hatte sehr viel Platz. Seine Frau Sara hatte einen sehr großen Garten. Nur ein Kind – das hatten Abraham und Sara leider nicht.
Eines Tages hörte Abraham eine Stimme, die ihm zurief: „Abraham, geh fort, verlasse dein Land. Verlasse alles, was du kennst: dein Vaterhaus, deine Verwandten, deine Freunde, die Heimat. Hab keine Angst: Ich bin dein Gott, ich segne dich und du wirst ein Segen sein. Du wirst Segen in die Welt bringen, alle Völker der Welt werden deinen Segen spüren, darum geh. Ich werde dich führen und begleiten."
Und Abraham vertraute Gott und machte sich auf den Weg ins Unbekannte. Seine Frau Sara war bei ihm und der Sohn seines Bruders, Lot, zog auch mit.
Es war ein langer Weg.

- *Die Kinder machen auf der Stelle Gehbewegungen.*

Es war ein beschwerlicher Weg: über hohe Berge ...

- *Die Kinder machen sich ganz groß und deuten mit den Armen hohe Berge an.*

... und durch tiefe Täler.

- *Die Kinder deuten tiefe Täler an und bücken sich ganz tief.*

Manchmal stand Abraham nachts vor seinem Zelt und rief in den Himmel: „Wo bist du, Gott, der du mich auf den Weg geschickt hast? Wohin führst du mich?“ Und einmal sagte Gott zu ihm: „Ich bin bei dir, ich verlasse dich nicht. Ich habe es dir doch versprochen.“
Und Abraham kam in ein Land, das schon bewohnt war. Es gab keinen Platz für ihn und seine Schafe, also zog er weiter. Und wieder rief Abraham in den Nachthimmel: „Mein Gott, wo ist denn das Land, in dem ich mich niederlassen kann? Wir haben doch nicht mal Kinder und Enkel, Sara und ich, wir sind schon alt.“
Und Gott sagte zu Abraham: „Sieh die Sterne am Himmel. So viele Nachkommen, wie Sterne am Himmel stehen, will ich dir schenken, Kinder, Enkel, Urenkel, Ur-Ur-Enkel … Du wirst ein Segen für sie sein.“
Und Abraham vertraute Gott. Und Gott hielt sein Versprechen. Abraham wurde mit einer neuen Heimat und mit Kindern und Kindeskindern gesegnet. Und Abraham gab den Segen Gottes weiter, sodass er bis zum heutigen Tag reicht und wir ihn weiter geben können an unsere Freunde und Familien.

Lied

„Gott, dein guter Segen ist wie ein großes Zelt“ (*von Reinhard Bäcker und Detlev Jöcker*)

Legearbeit

Die Kinder bekommen je einen Stein und legen diese zum blauen Tuch mit den Sternen. Wer mag, kann seine Gedanken zur Geschichte äußern.

Abschluss

Alle fassen sich zum Ausklang an den Händen und sprechen folgenden Spruch, danach wird die Kerze ausgepustet.
Wir wünschen uns einen gesegneten Tag, Shalom.

Vertiefungsangebote

- Labyrinth aus Steinen legen
- Aus Papiersternen, Holzstäbchen und Faden Stern-Mobile basteln
- Ausmalbild „Abraham und die Sterne“

Kopiervorlage für Aus- und Weitermalbild (Illustration: Anja Goossens)

Segensfeier für die neuen Kinder zu Beginn des Kindergartenjahrs

Ein Kind kann man nicht verstehen, bis man sich selbst versteht. Du selbst bist das Kind, das du kennen lernen, großziehen und vor allem aufklären musst.

Janusz Korczak

Material und Vorbereitung

- Kerze, die auf einem gelben Tuch in der Mitte steht
- Zippora-Figur, Korb mit Instrumenten für die Kinder (Zippora-Lied) und Korb mit Muggel- oder Halbedelsteinen
- Impulsobjekt in der Schatztruhe: Bild von der Kindersegnung Jesu
- Außerdem: Material für Vertiefungsimpulse

Einstimmung

Die Kinder stehen oder sitzen auf Sitzkissen im Kreis.

Begrüßungslied

Zippora-Lied (siehe Seite 12, von den Kindern mit Instrumenten begleitet)

Begrüßung

Hallo, liebe Kinder, hallo, liebe Kolleginnen und Kollegen, wir teilen heute unsere Zeit mit Gott und laden ihn in unsere Mitte ein. Gott schenkt uns Wärme, Liebe und Vertrauen.

Entzünden der Kerze und Gebet

Gott, wir danken dir für diesen schönen Tag!	➨ *Hände mit den Handflächen nach oben vor den Körper halten*
Wir sind zusammen hier im Kreis bei deinem Licht und schauen einander freundlich ins Gesicht.	➨ *Mit den Händen einen großen Kreis andeuten*
Wir nicken uns zu. Wir winken uns zu. Wir lachen uns an.	➨ *Einander zunicken, zuwinken, anlachen*
Gott, wir danken dir für diesen schönen Tag!	➨ *Hände mit den Handflächen nach oben vor den Körper halten*

Hinführung zum Thema

Zippora wird zur Schatztruhe gestellt. Die Kiste wird geöffnet und das Bild von der Kindersegnung herausgeholt.
Was sind das für Kinder?
Wie sind die wohl zu Jesus gekommen?
Was macht Jesus?
Zippora wird zur Kerze und Schatztruhe gestellt.

Glaubensgeschichte mit Mitmachelementen

Heute möchte ich euch die Geschichte von Jesus und den Kindern erzählen. Seid ihr bereit?

Jesus ging mit seinen Freunden in ein kleines Dorf.

➨ *Die Kinder machen Gehbewegungen am Platz.*

In diesem Dorf lebten Menschen, die sehr beschäftigt waren: Die Frauen backten, kochten und hingen die Wäsche auf, die Männer saßen an der Drehscheibe, um neue Tontöpfe herzustellen. Manche flickten ihre Fischernetze, manche standen in einer Werkstatt und stellten neue Möbel her. Die Kinder aber tobten und tollten durch das Dorf.

Eines Tages kam Jesus mit seinen Freunden in das Dorf. Die Dorfbewohner liefen hin und wollten Jesus sehen. Denn sie wussten: Jesus schenkte den Menschen Kraft und Mut.

➨ *Mit den Armen in eine Kraftpose gehen und die Fäuste ballen.*

Die Menschen spürten: Wenn Jesus kam, das tat es den Menschen gut, und Jesus schenkte den Menschen Liebe!

➨ *Beide Arme um den Oberkörper legen und sich selbst umarmen.*

Auch die Kinder mochten ganz nah bei Jesus sein, sie wollten ihm vieles erzählen und mit ihm spielen. Aber die erwachsenen Freunde von Jesus waren empört: „Geht weg, Jesus braucht seine Ruhe und keine Kinder um sich herum!"

➨ *Mit den Armen verscheuchende Geste machen, ablehnende Körperhaltung einnehmen.*

Da bekamen die Kinder Angst: Sie duckten sich und hoben ihre Arme schützend über den Kopf. Manche wollten gleich weglaufen.

➨ *Die Kinder halten schützend ihre Arme über ihrer Köpfe.*

Da sagte Jesus: „Nein, nicht die Kinder vertreiben! Bleibt hier, ich habe alle Kinder lieb. Ich will sie segnen. Dieser Segen soll euch begleiten und behüten auf all euren Wegen."

➨ *Die Kinder halten segnend ihre Hände links und rechts über den Kopf des Nachbarkindes.*

Und Jesus nahm die Kinder in die Mitte, legte ihnen seine Hand auf und segnete sie. Die Kinder spürten die Liebe Jesu und bekamen Mut, Kraft und Selbstvertrauen. Diese Liebe und Freude schenken wir weiter.

Lied

„Gott, dein guter Segen ist wie ein großes Zelt" (*von Simone Sommerland, Karsten Glück und die Kita Frösche, aus Kirchenlieder für Kinder*)

Segen für die Kinder

Dieser Segen wird an alle Kinder weitergegeben mit den Worten:
Gott sei mit euch jeden Tag.
Er behüte, begleite und beschütze euch auf all euren Wegen.
Gott schenke euch Liebe, Kraft und Mut, das tut allen Menschen gut.
Amen.

Legearbeit

Die Kinder legen je einen Stein um die Mitte mit der Kerze. Es entsteht ein Kreis um den Kreis, damit findet die Geschichte ein Ende.

Abschluss

Zum Ausklang fassen sich alle im Kreis an den Händen und sagen folgenden Spruch, danach wird die Kerze ausgepustet.
Wir wünschen uns einen gesegneten Tag, Shalom.

Vertiefungsangebot

- Ausmalbild zur Kindersegnung (Seite 106)
- Kreisbild „Du bist ein Segen" gestalten: In einem goldenen Kreis steht groß der Name des Kindes. Um den Kreis stehen die Worte „Du sollst ein Segen sein". Die Kinder malen den Kreis bunt an.
- Kreisbild „Du bist ein Segen" gestalten: In einem goldenen Kreis steht groß der Name des Kindes. Um den Kreis stehen die Worte „Du sollst ein Segen sein". Die Kinder malen den Kreis bunt an.

Kopiervorlage für Aus- und Weitermalbild (Illustration: Anja Goossens)

Segensfeier zum Abschluss der Kindergartenzeit für die Abschlusskinder mit einem Elternteil

So, geh nun deinen Weg ohne Angst und voll Vertrauen!

Material und Vorbereitung

- Kerze, die auf einem weißen, kleinen Tuch in der Mitte steht
- Zippora-Figur, Korb mit Instrumenten für die Kinder (Zippora-Lied) und Korb mit Muggel- oder Halbedelsteinen
- Impulsobjekt in der Schatztruhe: lange, gelbe Stoffstreifen
- Leise Musik
- Einige Körbe mit verschiedenen Naturmaterialien: verschiedene Steine, Schneckenhäuser, kleine Holzscheiben, Glitzerstreu, Blumen und Blätter

Einstimmung

Die Kinder stehen im Kreis, das Elternteil steht hinter dem Kind. Die Instrumente werden an die Kinder ausgeteilt.

Begrüßungslied

Zippora-Lied (siehe Seite 12, von den Kindern mit Instrumenten begleitet)

Begrüßung der Kinder, Kolleginnen und Eltern

Ich begrüße euch ganz herzlich zu unserem Abschlussgottesdienst im Kindergarten.
Nun ist es bald so weit, in einigen Tage ist die Kindergartenzeit zu Ende. Heute möchten wir auf die wunderschöne Zeit im Kindergarten zurückblicken und wir möchten euch danken für eine so schöne, erlebnisreiche Zeit. Wir haben so vieles gemeinsam erlebt und wir durften zuschauen, wie aus kleinen Kindern nun große Schulkinder geworden sind.
Nun macht ihr euch auf den Weg in die Schule, dafür möchten wir um Gottes reichen Segen bitten. Dafür laden wir Gott zu uns in die Mitte ein.

Entzünden der Kerze und Gebet

Gott segne uns mit der Weite des Himmels.

Gott segne uns mit der Wärme der Sonne.

Gott segne uns mit der Kraft der Tiere.

Gott segne uns mit den Geschichten der Alten.

Hinführung zum Thema

Zippora wird in die Hand genommen und spricht mit jedem Kind, z.B.:
Ich sehe, deine Mama ist heute auch da, das freut mich sehr!
Du hast heute ja ein sehr schönes T-Shirt an, du hast dich fein gemacht für unser Fest, das freut mich!
Weißt du noch, wie klein du warst, als du zu uns gekommen bist? Nun bist du bald ein Schulkind, ich wünsche dir alles Gute!
Du bist bestimmt ganz doll aufgeregt. Schön, dass wir heute zusammen sind!
Schau mal, wie schön die Kerze brennt. Gott wird dich immer begleiten und dir wie die Kerze Licht und Wärme schenken.

Die Schatztruhe wird geöffnet. Die aufgewickelten Stoffbahnen werden an die Kinder verteilt. Die Kinder legen die Stoffbahnen von der Mitte zu sich nach außen, leise Musik begleitet das Tun. Wenn alle Streifen gelegt sind, entsteht das Bild einer Sonne.
Schließt kurz die Augen, dann öffnet sie ein kleines bisschen und blinzelt immer wieder zur Kerze hin. Könnt ihr es sehen? Es sieht dann aus, als würde ein Strahl von der Kerze zu jedem von euch führen.
Gott ist wie die Kerze in der Mitte: Er strahlt, er schenkt euch seine Liebe und Wärme und er wird euch begleiten auf eurem Weg in die Schule.

Lied

„Wenn einer sagt: Ich mag dich, du!" (*von Andreas Ebert*)

Fürbitten der Erzieherinnen für die Kinder und die Eltern

Für die Zeit, die vor uns liegt, in den Anliegen und Sorgen, die wir mit uns tragen, dürfen wir Gott um seinen Beistand bitten:

Herr, begleite und beschütze die Kinder auf ihrem Weg in die Schule und aus der Schule!
Schenke den Kindern Freude am Lernen und am Spielen in der Schule!
Schenke den Kindern achtsame Begleiter für die Schulzeit!
Schenke den Eltern die notwendige Gelassenheit und den Humor für die Kinder – aller Anfang ist schwer, doch mit deiner Hilfe ist es zu schaffen!
Wir bitten für die Familien der Kinder, damit sie alle eine gute und wertvolle Zeit gemeinsam erleben.

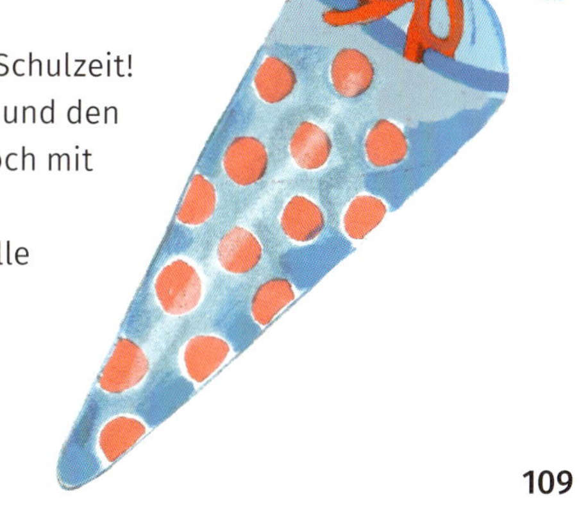

Gebet

Vaterunser mit Gesten

Glaubensweg

Die Stoffbahnen von der Mitte zu den Kindern stellen einen Weg dar, der nun belegt wird.

Der Weg, der vor euch liegt, kann nun geschmückt werden mit den schönen Materialien aus den Körben. Holt euch, was ihr braucht. Schmückt euren Weg aus.

Die Kinder schmücken ihre Stoffbahn zu einem persönlich gestalteten Weg. Leise Musik begleitet ihr Tun. Die Eltern schauen zu. Die Weg-Strahlen, die sich von der Mitte zu den Kindern entwickeln, symbolisieren den Beistand Gottes für jedes Kind und seine Familie. Am Ende können sich die Eltern an den Händen fassen, sodass ein großer Kreis entsteht. Alternativ werden Tücher zwischen die Eltern gelegt, damit der Kreis um Eltern und Kinder vergrößert wird.

Wenn der Weg fertig gelegt ist, wird ein Lied gesungen.

Lied

„Und so geh nun deinen Weg“ (*von Clemens Bittlinger, Perlen des Glaubens*)

Segen

Die Kinder und die Eltern fassen sich an den Händen und bilden so einen großen Kreis. Alternativ können Tücher dazwischen ausgelegt werden, um den Kreis zu vergrößern. Der Segen wird für alle gesprochen:

Guter Gott, wir glauben, dass du bei uns bist.

Du schenkst uns Halt, Ruhe, Geborgenheit und Sicherheit in allen Situationen in unserem Leben.

Segne diese Kinder, die hier bei dir im Kreis stehen und bald in die Schule kommen.

Segne auch die Eltern, Geschwister und Familien: Lass sie den Kindern Mut und Geborgenheit schenken.

Segne alle pädagogischen Fachkräfte mit deiner Liebe: Lass sie der verantwortungsvollen Aufgabe gerecht werden und den Kindern Halt und Orientierung vermitteln.

Amen.

Lied

„Ein Danke in die Welt" (*von Christian Hüser aus: Kommt, wir entdecken das Kirchenjahr 2020*)

Abschluss

Die Kinder und die Eltern sprechen folgenden Spruch, danach wird die Kerze ausgepustet.
Wir wünschen uns einen gesegneten Tag, Shalom!

Vertiefungsangebot

- Die Eltern basteln für den Schulranzen ihrer Kinder einen Engel.
- Kinder und Eltern bedrucken die Rückseiten eines weißen T-Shirts mit Handabdrücken.

Die Autorin

Martina Helms-Pöschko, Erzieherin, Psychomotorikerin, systemische Familienberaterin, Fachreferentin für Religionspädagogik, leitet einen Kindergarten in Baden-Württemberg.